DE L'ESPRIT

ET DE

L'ESPRIT PHILOSOPHIQUE

PAR

Claude-Charles CHARAUX

Professeur de philosophie à la Faculté des Lettres de Grenoble

---

PARIS
PEDONE-LAURIEL, ÉDITEUR
13, RUE SOUFFLOT, 13
—
1892
Tous droits réservés.

DE L'ESPRIT

ET DE

L'ESPRIT PHILOSOPHIQUE

Grenoble, imprimerie de F. ALLIER PÈRE ET FILS,
Grande-Rue, 8.

DE L'ESPRIT

ET DE

L'ESPRIT PHILOSOPHIQUE

PAR

Claude-Charles CHARAUX

Professeur de philosophie à la Faculté des Lettres de Grenoble

PARIS
PEDONE-LAURIEL, ÉDITEUR
13, RUE SOUFFLOT, 13
—
1892
Tous droits réservés.

INTRODUCTION

Les cadres que nous avions tracés en publiant la première édition de *l'Esprit philosophique* sont enfin remplis : le livre que nous présentons aujourd'hui à nos lecteurs revêt sa forme définitive et il prend son vrai titre. L'esprit philosophique y garde sa place ; mais l'esprit, au sens le plus général du mot, s'y est fait si largement la sienne (on devait s'y attendre et rien n'était mieux dans l'ordre), qu'il a tout droit de paraître sur le titre et d'y occuper le premier rang. Et pourtant, si complet qu'il soit désormais, celui-ci ne dit point toute notre pensée. On ne saurait faire entendre, en une ligne, que le livre *De l'Esprit* n'a pas seulement un objet propre, mais qu'il doit, de plus, servir d'Introduction aux différents ouvrages que nous avons antérieurement publiés et que nous sommes sur le point d'éditer de nouveau. Ils doivent former, à partir de celui-ci, jusqu'au plus récent, *la Cité chrétienne,* non pas un corps de doctrine, — nous n'avons jamais eu cette prétention, — mais une suite d'Essais qui, s'appuyant les uns sur les autres du premier au dernier, donneront quelque satisfaction à ceux qui nous ont souvent reproché d'aller de sujet en sujet, de question en question, sans nous inquiéter de suivre une marche régulière, ni d'adopter, pour y encadrer nos pensées, une forme constante, on ajoute : une forme scientifique, la seule qui convienne au temps présent.

« On voit bien, nous dit-on, d'une manière générale, où vous tendez, et que vous êtes un défenseur convaincu, sinon toujours bien inspiré, des doctrines spiritualistes et même du spiritualisme chrétien. Mais pourquoi, au lieu de publier aujourd'hui des Leçons, demain de petits Traités, plus tard des Lectures, puis, si la fantaisie vous en prend, des Pensées ou des Récits, ou des Dialogues, pourquoi ne pas condenser, dans un ou deux ouvrages d'une forme sévère, vraiment didactique, la substance de toutes ces brochures? Donnez-nous donc quelque jour, ou un bon *Cours de Philosophie,* ou une *Apologétique* de votre façon, comme vous l'entendrez, mais sur un plan unique, avec un rigoureux enchainement de ses chapitres et de ses conclusions. Il ne restera rien, absolument rien de vous, si vous continuez, comme par le passé, à vagabonder sans souci de cette unité et de cet ordre parfait dont vous semblez toutefois faire un si grand cas. »

Qu'il ne reste rien de moi, la chose est fort probable, sinon peut-être un petit nombre de pensées que sauvera de l'oubli la précision de leur forme ou leur justesse. La postérité aurait trop à faire, s'il lui fallait s'occuper de tant de livres qui paraissent tous les ans, on pourrait dire tous les jours; seuls les meilleurs d'entre eux, les mieux pensés, les mieux écrits échapperont à l'oubli qui ensevelira bientôt tous les autres. Pourquoi, par exemple, aurais-je entrepris d'écrire quelque *Défense* de la vérité religieuse, même sur un point particulier et dans des limites exactement déterminées, quand notre siècle a vu se succéder, en France et à l'étranger, un si grand nombre d'apologistes d'une habileté et d'une science consommées? Quel secours aurait apporté à leur voix éloquente ma voix sans autorité? Il appartient à un laïque médiocrement versé dans la science sacrée de recevoir, sous ce rapport, des enseignements, non d'en donner, et quelques réflexions plus ou moins solides qui lui viennent de temps à autre à l'esprit ressemblent à ces vastes monuments élevés de nos jours par des mains puissantes, comme quelques pierres à peine taillées ressemblent à une cathédrale ou à un palais. Quant à des livres savants, n'en écrit pas qui veut; il y faut de l'érudition, de la santé, de la ténacité, toutes choses dont je n'ai acquis ou reçu qu'une part fort médiocre. Les *Cours de Philosophie* ne manquent pas non plus, à l'époque présente, quelques-uns écrits par des maîtres dans l'art de penser et de dire. C'est une bonne fortune qui échoit rarement à ces sortes d'ouvrages; j'avais trop le sentiment de ma faiblesse pour essayer de rivaliser avec eux.

Pourquoi donc ai-je écrit et pourquoi aussi ai-je trouvé quelques lecteurs? D'où vient qu'au lieu d'adopter, sans jamais m'en écarter, une forme didactique, plus convenable, en apparence, à ma profession, ai-je eu successivement recours à tous les cadres et à toutes les formes? Il me suffirait, à la rigueur, de dire que je suivais, en cela, le conseil du Père Gratry, nous recommandant, à l'École normale, d'écrire pour achever nos pensées et pour mieux connaître notre âme, mais j'ai encore quelques autres raisons que je me permets d'exposer ici brièvement. On me pardonnera, je l'espère, de parler de moi, quand on reconnaîtra que l'histoire de mon esprit, — je n'en ai pas d'autre à raconter, — est l'histoire d'un grand nombre d'esprits placés, de nos jours, dans des circonstances analogues. Je ne suis, en réalité, que leur interprète et leur porte-voix, très désireux, je l'avoue, d'être entendu des jeunes gens qui, au début de la carrière, pourraient se trouver aux prises avec les mêmes adversaires et les mêmes obstacles.

Né et élevé dans un milieu tout pénétré de christianisme, j'ai connu de la religion les vertus qu'elle inspire, avant d'être instruit des vérités qu'elle enseigne. Je ne parlerai pas des leçons, ni surtout des exemples qui m'ont été donnés à la maison paternelle. Ceux dont la profonde humilité a toujours craint les éloges des hommes ne me pardonneraient pas de les louer, même après leur mort : c'est tout ce que j'en puis dire.

Dans ma petite ville où abondaient, au siècle dernier, les maisons religieuses groupées autour de la vieille Université lorraine, le peuple avait gardé ses croyances, et celles-ci avaient gardé ses mœurs ; je souhaite qu'il en soit de même encore aujourd'hui. Seul, le langage de quelques riches bourgeois, ignorants et vaniteux, semblait, de temps à autre, protester contre la foi de leurs concitoyens plus modestes ; mais le danger n'était pas grand de la perdre à leur contact. Je ne les cite que pour mémoire, et je ne date point de leurs fades plaisanteries la première atteinte à mes croyances spiritualistes et chrétiennes.

Trois jeunes prêtres[1], vicaires de la

---

[1] L'abbé Heymann est mort jeune, après avoir supporté avec le courage et la résignation d'un saint les souffrances d'une longue maladie. L'abbé Lacasse était, à la veille des

paroisse qu'ils dirigeaient avec une prudence au-dessus de leur âge, durant une longue maladie de notre curé, achevèrent, par leurs instructions, l'œuvre que la famille avait commencée, et que d'ailleurs elle n'abandonna jamais. Chacun d'eux représentait, par la nature de son esprit et par celle de son caractère, comme un aspect de la vertu chrétienne. Je ne sais plus rien de leur éloquence, mais j'ai senti les effets de leur foi, de leur charité, de leur dévouement à nos âmes. Ils ont laissé sur la mienne une empreinte que le temps n'a pas effacée. Ce n'est point qu'ils aient adouci, à notre égard, les salutaires sévérités de la morale chrétienne. Loin de là : j'ai reconnu, dans la suite, qu'ils les avaient plutôt exagérées, comme c'était alors l'esprit général du Grand-Séminaire et du diocèse de Nancy. Mais j'aurais tort

---

décrets, trappiste au couvent de Thymadeuc (Bretagne) : l'ai perdu de vue depuis cette époque. L'abbé Gossel n'a jamais voulu quitter sa paroisse située dans la partie de la Lorraine annexée à l'Allemagne.

de m'en plaindre et de leur adresser le moindre reproche. Pour qu'il reste quelque chose de ces premières impressions, pour que leur force ne disparaisse pas avec les années, il est bon qu'on les fasse pénétrer jusqu'au vif de l'âme; c'est trop peu d'en effleurer la surface.

Mes études terminées[1] et le diplôme de bachelier obtenu devant la Commission qui siégeait à Nancy (août 1846), des amis de ma famille pensèrent que je pourrais aspirer à l'École normale. Ils obtinrent pour moi la faveur d'une demi-bourse au Collège Sainte-Barbe, dont les meilleurs élèves suivaient les cours de Louis-le-Grand. J'en demande pardon aux pessi-

---

[1] Mes quatre frères et moi, nous avons fait, à la maison, sous la direction de notre excellent père dont la vigoureuse santé suffisait à un tel labeur, les classes de huitième et de septième; sous lui encore, au Collège communal de Pont-à-Mousson, les classes de troisième et de philosophie, double enseignement dont il fut chargé pendant vingt-cinq ans. Il n'a d'ailleurs jamais quitté ni sa petite ville, ni son collège, où il a passé plus d'un demi-siècle, comme élève et comme professeur.

mistes contemporains; mais le souvenir de tous ceux, et ils sont nombreux, qui, à cette époque de ma vie, plus tard encore, m'ont prévenu de leurs bontés, éclairé de leurs conseils, soutenu de leurs encouragements, m'empêchera toujours d'adopter une doctrine contre laquelle protestent ma reconnaissance et aussi mon expérience de la vie. Qu'il y ait, dans le monde, beaucoup de mal et beaucoup d'injustices, nul n'en doute; mais le bien s'y rencontre aussi partout, sous toutes les formes. Il faut fermer les yeux pour ne point le voir; il faudrait, pour être sincèrement pessimiste, n'avoir eu ni parents, ni maîtres, ni camarades, ni amis, n'avoir jamais reçu ou rendu un service, en un mot, s'être placé en dehors des conditions ordinaires de l'humanité. Le pessimisme ne sera jamais, quoi qu'on fasse pour le propager dans notre société spiritualiste et chrétienne, qu'un orgueil, ou un égoïsme, ou une maladie; il ne mérite pas qu'on en fasse une doctrine.

On lisait beaucoup, à Sainte-Barbe, dans l'étude des Normaliens [1], et les livres comme les élèves y représentaient toutes les directions de l'esprit. Mes camarades venaient un peu de partout, de la province, des grandes villes, des différents quartiers de la capitale. Opinions, préjugés, croyances, sans parler des passions, se croisaient, s'opposaient, s'entre-choquaient tous les jours, à toutes les récréations, dans des discussions interminables et souvent confuses. Cette extrême diversité, si elle avait ses inconvénients, n'était pas non plus sans avantages : elle remuait l'intelligence et la forçait à penser. Les camarades ne sont pas, en général, des

---

[1] C'est le nom qu'on donnait, par anticipation, aux candidats à l'École normale. On les avait installés provisoirement, tandis qu'on reconstruisait une partie de Sainte-Barbe, dans une maison particulière, la maison Baldey, située vis-à-vis le Grand-Collège, à l'angle de la rue des Sept-Voies qui a changé de nom, et de la rue Clovis devenue aujourd'hui une cour de Sainte-Barbe. Nous y jouissions d'une liberté relative, surtout à partir de la Révolution de Février.

autorités bien imposantes ; on lutte, on
bataille, on se donne la réplique avec plus
ou moins d'à-propos et de sang-froid, et
tout est dit jusqu'à la prochaine occasion :
il en est autrement des livres.

De ceux qu'on mettait entre nos mains
et qu'on nous recommandait, les uns,
comme les *Leçons de Philosophie* de Laromiguière, ne m'ont apporté que du plaisir et du profit ; les autres, comme *les Mélanges* et *les Nouveaux Mélanges* de Jouffroy, n'étaient pas sans danger pour ma
grande inexpérience des hommes et des
choses. Le naturel, la simplicité, j'allais
dire la bonhomie de Laromiguière, me
ravirent autant que l'exacte, mais lourde
traduction des *Essais sur l'Entendement*[1],

---

[1] Mon oncle, M. Méline, après avoir été l'élève, puis l'auxiliaire du Père Laillet (antérieurement professeur à l'École royale militaire de Pont-à-Mousson) dans l'enseignement des mathématiques, avait reçu, en 1824, mission d'inaugurer au Collège celui de la philosophie qu'il n'avait jamais apprise : ainsi se passaient parfois les choses, dans les Collèges communaux. Il rapporta de Nancy et de Metz où il était allé aussitôt à la découverte : les *Œuvres phi-*

par Coste m'avait rebuté et bientôt lassé l'année précédente. Jouffroy qui ne m'avait pas attiré tout d'abord me retint ensuite par la gravité et la simplicité de son langage, l'extrême clarté de son exposition, et aussi par je ne sais quel accent de tristesse contenue qui semblait, dans quelques pages de ses écrits, sortir du plus profond de son âme. C'est ici que commencent mes propres perplexités.

Il va de soi que j'avais lu en premier lieu l'article fameux : *Comment les dogmes finissent*. Si j'avais su, comme je l'ai appris dans la suite, que son auteur l'avait écrit à vingt-sept ans, tout d'un trait, sans une seule rature, sans doute il aurait fait moins

---

losophiques *de Cicéron*, — la *République de Platon*, traduite en français par le Père Grou, — les *Essais de Locke sur l'Entendement humain*, traduction de Coste, — quatre volumes contenant les *Œuvres philosophiques* de Condillac; mais, ce qui, dans la suite, eut bien autrement de prix pour moi que ces deux derniers philosophes, la *Théodicée* de Leibnitz, tous ses *Opuscules* et quelques-unes de ses *Lettres*, sa *Correspondance* avec Bossuet, ses *Pensées* choisies et son *Système de Théologie* édités, quelques années auparavant, par le savant et pieux abbé Émery.

d'impression sur mon esprit. On a beau être un élève de l'École normale très laborieux, très intelligent, ce qu'on sait à vingt-sept ans est, en réalité, fort peu de chose, et l'heure n'est pas encore venue, le droit n'est pas acquis d'aborder ces redoutables questions. Telles qu'elles étaient toutefois, je lus et relus ces pages d'une trame en apparence très serrée, d'une sophistique cachée, mais surtout (ce qui les perdit enfin dans mon esprit), d'une affirmation si tranchante qu'elles semblaient d'avance se refuser à toute réplique.

La prétention du même philosophe d'ouvrir des voies entièrement nouvelles, *d'organiser,* pour la première fois, *les sciences philosophiques,* dans lesquelles, selon lui, rien n'était fait, tout était à faire, me mit de plus en plus sur mes gardes. On ne saurait, quand on parle en son nom personnel, parler avec trop de modestie et s'exprimer avec assez de ménagements sur le compte de ceux qui nous ont précédés dans la même carrière, et qui n'étaient pas des hommes absolument sans valeur. Ce qui m'avait fort déplu chez les auteurs des Grammaires nouvelles et surtout des Dictionnaires nouveaux, implacables, dans leurs pompeuses Préfaces, pour tous ceux qui leur avaient ouvert la voie et qui avaient fait, en somme, le plus difficile et le plus gros de la besogne, ne pouvait m'agréer chez des philosophes que leur profession même oblige à plus de modestie.

J'avais, dans la classe de seconde, durant une maladie du professeur, traduit, lu, relu, à peu près appris par cœur, dans le Recueil de l'abbé d'Andrezel où il est en son entier, le dialogue de Platon intitulé *Criton*. Un peu plus tard j'avais lu, dans la traduction du Père Grou[1], deux ou

---

[1] Le Père Grou S. J., né à Calais en 1731, professeur de littérature grecque à l'Université de Pont-à-Mousson (1765 et 1766). La traduction de la *République* est un chef-d'œuvre d'exactitude et de clarté. Ses Traités ascétiques nombreux et remarquables sont encore très répandus. Un

trois autres dialogues du même philosophe, et dans le texte grec, les vingt premiers chapitres du *Phédon*. Cette philosophie qui se proposait sans s'imposer, qui se faisait, pour ainsi dire, pardonner ses affirmations, sans qu'elles fussent pour cela moins précises, avait conquis, dès le premier jour, toutes mes sympathies. Elle me semblait si humaine, en rapport si parfait avec nos moyens de connaitre, — en dehors, bien entendu, de la révélation ; — le ton en était si aisé, si naturel, à part quelques subtilités auxquelles se complaisaient les contemporains de Socrate, qu'elle a laissé dans mon esprit, avec les impressions les plus agréables, les traces les plus profondes. Sans doute aussi cette beauté qu'on y voit partout sans qu'elle se montre, beauté sans fard et sans prétention comme la pensée

---

commerce intime avec Platon n'a pas été sans influence sur son style aisé, simple et d'une extrême pureté.

qu'elle recouvre, m'attirait et me retenait à mon insu.

Quoi qu'il en soit, Jouffroy, Victor Cousin lui-même, dont j'avais admiré la verve, l'ardeur, l'enthousiaste éloquence [1], mais bientôt surpris les nombreuses contradictions, souffrirent de la comparaison qui s'établissait tout naturellement dans mon esprit, quand je mettais leur manière de dire absolue et tranchante en regard de cette réserve socratique si patiente, si aimable, si discrète. Les opuscules de Leibnitz, sa correspondance avec Bossuet, les lettres de Descartes m'avaient, à leur tour, fait goûter cette façon naturelle et simple de proposer son sentiment, sans le dicter comme une révélation de la Philosophie elle-même, heureuse d'avoir enfin

---

[1] Cours de 1828. Édition *princeps,* publiée en livraisons, Leçon par Leçon, réunies ensuite en un volume avec un beau portrait de l'auteur. Je le possède encore, et, dans les mêmes conditions, les Leçons de Guizot et de Villemain données et publiées en cette même année 1828, si célèbre dans les fastes de la Sorbonne.

découvert un prophète digne de proclamer ses infaillibles oracles.

D'une autre manière encore ces anciens philosophes ont contribué, parmi tant de doutes que ne cessaient de faire naître en moi les dires de mes camarades et les objections des livres, à rendre à mon âme un peu de calme, à mon esprit une certaine sécurité. Il me semblait, en effet, tout à fait impossible que ces hommes d'autant de bonne foi que de génie eussent, durant tant de siècles, observé, étudié, analysé l'âme humaine, la retournant, pour ainsi dire, dans tous les sens, l'examinant sous tous ses aspects, découvrant Dieu à l'origine de ses facultés, au fond de sa raison, pour que ce grand et consciencieux travail n'aboutît qu'à de vaines illusions et à de grossières erreurs.

Qu'ils n'aient point connu la nature comme nous commençons à la connaître, il est bien certain, et Pascal l'a dit avec une éloquence fort utile à ceux qui, ne sachant pas le dire d'eux-mêmes, sont trop heureux de répéter à tout venant ses paroles. Aussi n'est-ce point quand il s'agit du monde matériel, de ses phénomènes et de ses lois, qu'il faut les choisir pour guides et s'autoriser de leur témoignage. Mais l'âme humaine, avec tout ce qu'elle contient, y compris l'image de Dieu, leur était ouverte dès le premier jour, et il ne fallait, pour y lire qu'un peu d'attention et beaucoup de persévérance : joignons-y cette pénétration dont on avoue qu'ils n'ont pas manqué. Peut-être même ont-ils eu sur nous l'avantage d'une liberté d'esprit plus entière, car elle n'avait pas à renverser l'obstacle des préjugés, du parti pris, des théories toutes faites, gênant, plus qu'elles ne les favorisent, les observations personnelles et directes ; elle n'avait pas à écarter, avant de parvenir au texte lui-même, je veux dire à l'âme, les interprètes, les commentateurs, les intermédiaires de tous les noms dont la multitude nous barre le passage et empêche les moins courageux d'y atteindre.

Aussi ces orgueilleuses prétentions de renouveler la science de l'âme humaine, négligée ou faite en dépit du bon sens jusqu'à nos jours, de refaire à neuf toute la philosophie dont pas une affirmation, pour ainsi dire, ne tient debout et n'est rigoureusement établie, ces prétentions qui m'avaient d'abord surpris, inquiété, troublé, puis révolté, finissaient par me toucher assez peu et même par me paraître tout simplement ridicules. Car qui sait s'ils ont trouvé mieux que ceux dont ils méprisent les travaux, et si d'autres (ils ne tarderont pas en effet à paraître, et quelques-uns même avaient, en Allemagne surtout, déjà paru) ne viendront pas à leur tour, avec des droits égaux à tout recommencer et des dédains encore mieux justifiés pour cette œuvre née d'hier et qui n'a pas même pour elle le contrôle du temps. Que deviendraient d'ailleurs la société, l'humanité jusqu'à l'heure où on aurait enfin découvert et *scientifiquement* établi (les uns demandaient pour cela plusieurs siècles; d'autres, il est vrai, s'offraient à abréger beaucoup ces délais, quelques-uns même à nous pourvoir immédiatement) les vérités qui sont la vie et l'aliment de nos âmes, la consolation de nos douleurs, la force de nos épreuves, l'espoir de notre avenir, et surtout cette morale claire, immuable, décisive, sans laquelle il n'y a ni droits, ni devoirs, ni règles pour la vie privée, ni lois pour la vie sociale! On nous laissait comme suspendus dans le vide où il n'est pas aisé de respirer et de vivre, et qui resterait à jamais le vide, si quelques vérités ne demeuraient pour servir de point de départ à la recherche de la vérité.

On semblait, d'ailleurs, dans ces livres qui m'avaient d'abord si vivement impressionné, s'inquiéter assez peu de cette préparation de l'âme, de cette *purification,* pour la nommer de son vrai nom après Platon et les stoïciens, qui tient tant de place chez les philosophes de l'antiquité et qui m'avait paru le grand, le perpétuel souci de mes premiers maîtres, au catéchisme, à l'église, au sein de la famille. Sans doute, on exposait avec beaucoup de clarté les théories morales, anciennes et modernes, on les mettait en présence, on les discutait, quelquefois même on arrivait à conclure en faveur de l'une d'elles avec plus ou moins de résolution, et non sans faire leur petite part aux autres; mais de la formation de l'âme, de sa direction à travers les obstacles du dedans et du dehors, pas un mot ou bien quelques phrases pompeuses, quelques vagues recommandations sans autorité et sans efficacité. Se pouvait-il donc que la philosophie fût ainsi d'un côté, la vie de l'autre, sans qu'il y eût entre elles, pour ainsi dire, aucun rapport; ou bien fallait-il en croire mes premiers maîtres affirmant que la vérité et la vertu sont inséparables, que la connaissance de la vérité (il s'agit toujours de philosophie, non de sciences proprement dites), sans l'amour de la vérité et la pratique du bien, est une connaissance stérile, facilement défectueuse, toujours incomplète?

Mon choix fut bientôt fait entre deux manières de voir si différentes. Il le fut tout ensemble pour mes croyances religieuses et pour les grandes vérités que le spiritualisme ne cherche plus, parce qu'il les a trouvées depuis longtemps, mais qu'il ne renonce pas à fortifier, à développer à l'aide de toutes les preuves, de toutes les lumières que les sciences, physiologie, chimie, physique, histoire naturelle, astronomie, philologie, ne cessent de lui apporter à l'envi les unes des autres. Il n'entrera jamais dans ma pensée, — soit faiblesse d'esprit, soit toute autre cause, — que l'ordre puisse s'opposer à l'ordre, que la vérité puisse contredire la vérité, la vérité scientifique la vérité morale, et que les vertus sur lesquelles la société repose comme sur son fondement inébranlable ne reposent pas, à leur tour, sur la vérité.

Grand lecteur, dès mon enfance, dans une bibliothèque qui en était bien fournie, d'ouvrages historiques et de récits de voyage, je savais par eux que ces croyances et ces vertus dont j'avais éprouvé, admiré, tout autour de moi, l'alliance étroite, avaient, dans le passé, contribué plus que tout le reste à la formation et à la grandeur de ma patrie, qu'on les retrouvait enchaînées par les mêmes liens indissolubles, en Europe, en Amérique, dans tous les lieux où avait pénétré et où régnait la civilisation chrétienne. On n'avait pas encore, pour le dire en passant, songé à lui opposer l'inerte civilisation du boudhisme, et l'on n'y songera plus dans quelques années. Quant à la civilisation ancienne, j'avais appris par ses propres historiens de quels vices elle était souillée à ses époques les plus brillantes, et j'avais lu dans Descartes[1] que sa vertu n'est trop souvent qu'une *insensibilité,* ou un *orgueil,* ou un *parricide.* Enfin la sève chrétienne,

---

[1] Discours sur la Méthode.

loin d'être tarie, me semblait couler avec plus d'abondance que jamais, et les vertus que le christianisme inspire, produire avec une fécondité croissante, dans l'univers entier, des œuvres de plus en plus héroïques de charité, d'abnégation, de dévouement.

Plein de confiance dans l'unité du plan divin, assuré, si je l'étais de chose au monde, que la plus haute vertu, quand on la retrouve égale à elle-même dans tous les temps, sous tous les climats, chez toutes les races, dans toutes les nationalités les plus hostiles les unes aux autres, ne saurait venir que de la plus haute vérité, je m'attachais fermement à ces croyances dont je découvrais d'ailleurs, de mieux en mieux, les rapports intimes avec notre âme entière, mais dont surtout je voyais les fruits merveilleux. C'est là sans doute ce que, deux années plus tard, un de mes camarades de l'École normale appelait *ma foi du charbonnier*[1]. Mais

---

[1] Travailleur infatigable, esprit plus mûr que son âge,

mieux vaut, si humble qu'il soit, dormir paisiblement dans le logis du charbonnier que coucher toute sa vie à la belle étoile, sans aucun gîte assuré de doctrine, comme il est arrivé, non pas sans doute à celui qui s'exprimait ainsi, mais à un trop grand nombre de nos contemporains.

Peut-être mes pensées d'aujourd'hui se mêlant avec mes souvenirs, et ce que je sais présentement à ce que j'entrevoyais alors, je viens de donner à l'expression de mes sentiments, durant mon séjour à Sainte-Barbe, plus de précision et de netteté qu'ils n'en avaient à cette époque ; mais au fond, et pour l'essentiel, ils étaient bien ce que je viens de dire. Le spectacle du monde, tel qu'on le voit aujourd'hui,

---

il s'était construit, dès cette époque, un abri provisoire qui s'est sans doute élargi, à mesure que s'élargissait et s'élevait sa pensée. On peut tout attendre de la demeure définitive, quand on se reporte aux admirables Études sur les *Origines de la France contemporaine* qu'il a publiées en dernier lieu et pour lesquelles la Patrie, l'Histoire et les Lettres lui doivent une égale reconnaissance.

les a sans doute affermis, il ne les a pas fait naître.

Un événement inattendu vint d'ailleurs donner une autre direction à mes pensées. La Révolution de Février 1848 suspendit, pour un intervalle assez court, les discussions religieuses, elle ouvrit un vaste champ aux débats politiques, sans parler des questions sociales qui ne tardèrent pas à s'y mêler et à les primer. Il va de soi qu'à l'étude des Normaliens de Sainte-Barbe nous étions tous entrés dans le mouvement, les uns avec plus de fougue, les autres avec plus de mesure, chacun suivant son caractère. Comme il y avait des clubs dans tous les quartiers, dans toutes les rues, dans toutes les salles disponibles et jusque dans les amphithéâtres de la Sorbonne [1], il était de toute conve-

---

[1] J'y entendis un jour ces paroles mémorables, prononcées dans la chaire même où Victor Cousin, Guizot, Villemain avaient enseigné juste vingt ans auparavant, paroles que suivirent de longs et unanimes applaudissements. Il s'agissait des traîtres qui, selon l'orateur,

nance que nous eussions le nôtre. Il se tenait dans la salle d'étude elle-même, à l'heure des récréations, le maître nous ayant, comme il était de son devoir, préalablement cédé la place. J'eus quelque succès, il m'en souvient, dans la question du mariage des prêtres, et quand vint le moment du vote, la majorité se prononça en faveur du célibat dont j'avais pris la défense. Je nous vois encore répétant à tout propos, nous dont le plus âgé n'avait pas vingt ans : « Ce n'est point la peine d'avoir changé la forme du gouvernement, si nous ne réformons la société et si nous ne la replaçons sur ses véritables bases[1]. »

---

pullulaient dans l'Assemblée nationale, et intriguaient pour détourner la Révolution de sa voie. « A Rome, « s'écria-t-il, quand un citoyen ourdissait de pareilles « trames et trahissait la République, on le précipitait du « haut..... du Rubicon ! »

[1] Je suivais aussi, à cette époque, tous les dimanches, aux bureaux de la *Démocratie pacifique*, les conférences où un avocat de talent, M. Hennequin exposait la doctrine de Fourier. Avec non moins de talent et plus de logique, M. Franck le réfutait devant nous, leçon par leçon, tous les jeudis, à la Sorbonne.

Ce que nous disions sans rire, j'espère que nous n'y avions pas sérieusement pensé, et qu'au fond de notre âme nous ne le croyions pas. C'est, avec notre extrême jeunesse, l'excuse de notre folle présomption.

Tout en parlant comme mes camarades, avec aussi peu de sens, je faisais mon profit du spectacle unique qu'offrait alors la capitale. Harangues et discussions dans les rues, discours dans les clubs[1], manifestations, séditions, journées mémorables se succédaient sans interruption : elles ne finirent qu'aux sanglantes journées de Juin. Tant de journaux qui la plupart paraissaient pour la première fois, et que nous dévorions sans nous inquiéter autrement de leur programme, ne parvenaient

---

[1] Entre lesquels les plus intéressants pour moi furent les trois discours prononcés successivement au grand amphithéâtre de la Sorbonne, quelques jours après la Révolution, par Michelet, Quinet, Mickiewicz, dans une réunion plénière des étudiants de toutes les Écoles, y compris l'École militaire.

qu'à peine à satisfaire notre curiosité. Il m'arriva d'en acheter un que je ne connaissais pas encore, le *Représentant du peuple,* et je lus d'un trait le premier article en trois colonnes, d'une pensée vigoureuse, d'une logique pressante, d'un style concis, en tout l'opposé de ce que nous servaient chaque matin les autres feuilles à cinq centimes. Il était signé d'un nom qui m'était jusqu'alors à peu près inconnu, celui de Proudhon; je devins, à partir de ce moment, non pas son disciple, mais lecteur assidu du journal qu'il dirigeait. On ne me reprochera pas d'avoir publié prématurément, et sans y avoir longtemps pensé, les réflexions que cette année 1848, si féconde en enseignements, commença de faire naître dans mon esprit. Elles sont, en effet, le point de départ des *Pensées sur l'Histoire,* qui viennent seulement de paraître, il y a deux ans[1].

---

[1] J'espère les publier de nouveau dans quelques mois, ἂν Θεὸς θέλῃ, avec de notables additions sous ce titre:

Le spectacle que j'avais sous les yeux n'était point fait d'ailleurs pour ébranler mes convictions spiritualistes et religieuses, il servit plutôt à les raffermir. Né sous le règne de Charles X, à travers tant de régimes et de programmes qui se sont succédé, j'ai vu ce qui passe et j'ai vu ce qui demeure. J'ai compris que les combinaisons les plus savantes, les intrigues les mieux ourdies de la politique, ou bien échouent misérablement, ou bien n'obtiennent que des succès éphémères, si elles ne tiennent aucun compte des vérités qui font et gardent les mœurs, tempèrent l'ardeur des passions, unissent entre elles, par la communauté de la foi et des espérances, les âmes et les volontés. Où il y a plus de liberté, plus d'égalité, il faut aussi plus de vertus et de respect, c'est-à-dire de croyances. Le *citoyen* en a besoin plus que le *sujet* pour remplir fidèlement des de-

---

Discours et Pensées sur l'Histoire, ou *Essai d'une explication de l'Histoire par l'analyse de la pensée.*

voirs dont le retour est plus fréquent, la responsabilité plus lourde, la suite plus décisive. Tout ce qu'on ferait dans les démocraties contre le christianisme, c'est contre la démocratie elle-même qu'on le ferait, pour le plus grand profit des Césars d'aventure, dont le danger grandit dans la mesure où grandissent les passions et les convoitises que la religion seule peut contenir.

A l'École normale où j'entrai cette même année (1er novembre 1848), si le milieu avait changé, si les questions sociales nous préoccupaient un peu moins, en revanche tout était matière à débats : Lettres anciennes, Lettres modernes, écrivains et poètes contemporains, art, philosophie, religion. Dès le début, des groupes s'étaient formés par affinités d'origine, de collèges, de principes, et si on luttait à armes courtoises, la lutte n'en était pas moins continuelle, au point de pénétrer jusque dans certaines conférences, en particulier celle de Littérature française.

C'est ainsi que Voltaire, œuvres et caractère, fut vivement attaqué et vivement défendu, comme en un champ clos, par deux adversaires [1] également bien armés, dont l'éloquence toutefois ne réussit pas, jusqu'à la fin, à triompher des somnolences habituelles au professeur érigé en juge du tournoi [2].

A l'infirmerie dont j'étais, par malheur, l'hôte trop ordinaire, surtout dans ma première et ma troisième année d'École, la journée commençait par une visite du médecin, M. Guéneau de Mussy, c'est-à-dire par une conversation philosophique du jeune et savant docteur avec mon compagnon d'infortune, un élève de troisième année [3] que les pronostics les plus redoutables n'empêchent pas, je crois, de se porter assez bien et de faire quelque figure dans le monde politique. Il préludait alors à la

---

[1] Charles Barnave, — Edmond About.
[2] M. Géruzez.
[3] M. Challemel-Lacour.

haute éloquence parlementaire par quelques discours prononcés le dimanche, quand sa poitrine le lui permettait, dans les banquets populaires de notre arrondissement. Il me les lisait la veille avec le feu, l'ardeur qui sont dans sa nature, et je lui en donnais modestement, mais franchement mon avis.

Toutefois, ces harangues faites pour le peuple m'intéressaient beaucoup moins que les discussions du matin qui roulaient, en général, sur les idées de force, de matière, sur les éléments des choses et sur leurs combinaisons, en un mot sur les problèmes les plus ardus de la métaphysique et de la science. Auditeur silencieux, mais très attentif, je faisais mon profit de ces utiles controverses. Le soir, c'était le tour de notre aumônier, l'abbé Gratry[1], quand il rendait de temps à autre visite à

---

[1] Voir, dans la *Cité chrétienne*, le récit intitulé : *La Naissance d'une philosophie*. La scène se passe dans le jardin du Luxembourg voisin de l'École normale.

l'infirmerie, de poser ses questions à lui et de provoquer, avec les meilleures intentions du monde, des débats où la passion finissait quelquefois par se faire une place. Où l'un de nos camarades ne plaçait que peu de paroles, mais tranchantes et portant coup, un autre se répandait en discours pleins de feu, un troisième, s'il avait été moins poli, aurait aisément poussé jusqu'au trait d'esprit acéré et à la raillerie.

C'est une chose remarquable, à quel point les grands traits, ceux qui ne s'effaceront plus, sont à cet âge de vingt ou vingt-deux ans nettement accusés. Quelle carrière on fournira, jusqu'où l'on montera, on ne le sait pas encore, et pour plusieurs de nos camarades, les espérances qu'ils pouvaient concevoir, sans en rien dire, ont été réalisées, sinon dépassées ; mais déjà la direction générale de l'esprit et ses tendances, la nature et le degré du talent se laissent entrevoir. Quant au caractère, il se montre à peu près tel qu'il sera jusqu'à la fin, dans quelque voie qu'on s'engage. Je me borne à donner ici, en note, les noms des vingt-quatre élèves admis en 1848 à la section des Lettres. Quelques-uns de ces noms[1] parlent d'eux-mêmes, et ceux qui connaissent la carrière des autres ne me désavoueront pas, si j'affirme que cette promotion, où se trouvaient un juif, deux protestants, plusieurs catholiques, pas mal d'indifférents ou d'incroyants, d'où sont sortis, chose unique, je crois, à l'École normale, deux prêtres, représentait les tendances les plus opposées, et qu'elle était comme un fidèle reflet de l'esprit français au milieu du XIXe siècle. Aussi Dieu sait quelles controverses, dont la

---

[1] Les voici par ordre alphabétique, avec les prénoms dont je me souviens :

Edmond About. — Paul Albert. — Charles Barnave (aujourd'hui abbé Charles Barnave). — Arthur Bary. — Désiré Cambier (mort missionnaire en Chine, 1866). — C. Charaux. — Desprez. — H. Ducoudré. — G. A. Heinrich. — Auguste Lamm. — Lecœur. — Libert. — Marion. — Gustave Merlet. — Dionys Ordinaire. — Quinot. — Rabasté. — Frédéric Rieder. — Francisque Sarcey. — De Suckau. — H. Taine. — Valade. — A. Vessiot. — Eugène Vignon.

bonne camaraderie n'a toutefois jamais souffert, s'élevaient, s'apaisaient, renaissaient sous mille formes et mille prétextes, dans ce milieu composé d'éléments si hétérogènes.

La diversité des opinions avait d'ailleurs cessé de me troubler, comme elle faisait dans les premiers temps de mon séjour à Paris. Elle tenait mon esprit constamment en éveil : elle n'était plus pour lui, comme autrefois, une cause d'inquiétudes sans cesse renaissantes. Non seulement je demeurais ferme dans mon principe fortifié de tous mes souvenirs et de tout mon savoir historique, que la plus haute vertu, la plus universelle, la plus constante, est inséparable de la plus haute vérité où l'homme puisse atteindre, mais je voyais de plus en plus clairement que les croyances spiritualistes et religieuses dans lesquelles j'avais eu le bonheur d'être élevé ne laissaient de côté, dans leur impuissance de les satisfaire ou d'y répondre, aucune des aspirations légitimes de mon âme, aucune des idées premières de ma raison.

Ordre, unité, universalité, grandeur, beauté, liberté morale (sans parler du *mystère* qui fait partie intégrante de la croyance en un Dieu infini, incompréhensible) trouvaient dans les deux grandes philosophies du passé, mais surtout dans l'Église qui en a hérité en les complétant, dans sa doctrine, son culte, ses sacrements, ses mystères, ses Lettres, ses arts, sa puissance civilisatrice faite à la fois d'unité et de diversité, d'autorité et de liberté, de conservation et de progrès, comme leur forme extérieure et leur réalité sensible. D'autres doctrines, d'autres religions répondaient bien à tel ou tel élément principal de la raison, mais à condition d'en sacrifier ou d'en négliger un grand nombre d'autres. Seule la doctrine de l'Église, — philosophie et théologie, — les réunissait dans son vaste sein, ou plutôt elle me semblait être la raison vivant, parlant, agissant, s'élevant au-dessus d'elle-même sans jamais se contredire, et enfin, — c'est la merveille unique,

— dirigeant dans son vol vers les plus sublimes hauteurs l'amour qu'elle savait à la fois animer et contenir. Ce que je découvre aujourd'hui, dans une lumière qui s'accroît d'année en année, je le voyais alors dans une clarté mêlée sans doute de quelques ombres, mais, en somme, suffisante pour me préserver des lourdes chutes auxquelles, sans son secours, j'aurais été tous les jours exposé.

Si j'écrivais des Mémoires, — et je n'ai aucune raison de le faire, — je n'aurais garde d'oublier mes maîtres et mes camarades. Le souvenir du profond savoir et du dévouement des uns à Sainte-Barbe, à Louis-le-Grand, à l'École normale, l'amitié ou la prévenante sympathie des autres reviennent souvent à ma pensée et m'affermissent dans un optimisme tempéré toutefois, sur d'autres points, par de certaines réserves ; mais j'expose seulement l'état de mon esprit à cette époque, et les raisons qui m'ont plus tard conduit à écrire. Dans le désir de le faire aussi brièvement que possible, j'omets une foule de détails et j'arrive à la conclusion.

Si le spiritualisme, sous le second Empire, était défendu avec autant de science que d'éloquence à la Sorbonne et dans quelques livres dont ni la valeur, ni la réputation n'ont vieilli, il était attaqué avec non moins d'ardeur par des adversaires nombreux, savants, résolus. Ils avaient même contre lui cet avantage de faire corps et, pour quelques-uns, de constituer une véritable École, tandis que les philosophes spiritualistes combattaient de plus en plus en *ordre dispersé,* souvent même à une assez grande distance les uns des autres. Quant au christianisme, on ne l'avait jamais peut-être miné, sapé, attaqué de front avec autant de vigueur et de persévérance dans le principe de son unité, le suprême pontificat, dans son dogme fondamental, la divinité de Jésus-Christ.

Si ces luttes auxquelles j'assistais du fond de ma province n'entamaient pas ma foi de spiritualiste et de chrétien, elles ne laissaient pas de me préoccuper beaucoup, et elles ne permettaient pas à mon esprit de se reposer un instant. De là à prendre la plume la distance n'est pas grande : je l'ai fait, uniquement d'abord pour me rendre compte à moi-même de mes propres pensées, pour donner une forme précise et comme un corps à des réflexions qui me venaient à l'esprit au cours des objections posées et des circonstances. Ce que j'avais écrit pour moi seul, j'ai cru devoir ensuite, dans de très courts opuscules, puis dans des brochures plus étendues, le communiquer aux autres : voilà toute l'histoire de mes livres.

Après avoir lu beaucoup dans le cours de mes études et un peu plus tard encore, je m'étais, vers l'âge de vingt-cinq ans, replié sur moi-même, comme font d'habitude ceux qui ont à défendre leur vie minée par un mal intérieur, et leurs convictions les plus chères attaquées du dehors avec violence. Plus disposé à la méditation qu'à l'érudition par nature d'esprit et aussi par défaut de forces physiques, j'ai donné de préférence à mes observations et à mes réflexions la forme de *Notes* ou de *Pensées*. Professeur de philosophie dans un lycée, j'ai écrit quelques *Traités* assez courts, pour mon usage et celui de mes élèves. Un enseignement public de plus de vingt années m'a conduit ensuite à rédiger des *Leçons*, et il a concentré mon attention sur deux objets principaux : les *Caractères de l'esprit philosophique*, — les *éléments et les lois de la pensée*. Membre d'une académie, j'ai acquitté ma dette envers mes collègues par des *Lectures* et entre autres par celles que contient le présent volume. Enfin, laissant à mon imagination une plus libre carrière, j'ai profité de quelques cadres qui s'offraient naturellement à elle pour y enfermer mes impressions, mes souvenirs, mes pensées. La forme trop longtemps dédaignée du *Dialogue* et du *Récit,* non seulement donne un tour plus facile, moins de solennité et de raideur à l'exposition, mais encore elle déroule en queque sorte et fait voir un à un les aspects divers d'une même question. Elle soutient l'intérêt, ranime l'attention, sans compter qu'à la fin elle permet de conclure plus clairement que par un sourire, comme Victor Cousin l'a dit de quelques-uns des Dialogues où Socrate joue le principal rôle.

L'histoire de ces livres, à partir de l'*Esprit et de l'esprit philosophique* jusqu'à la *Cité chrétienne,* n'est donc, après tout, que l'histoire de mon esprit où sont venues se réfléchir les idées de mon temps. Je me suis permis de la raconter pour ceux qui désiraient savoir comment, dans quel but, sous quelle inspiration ils avaient été composés dans des formes si différentes. J'espère n'être pas entré dans des détails inutiles ou trop personnels ; mais si je l'ai fait je prie qu'on m'excuse en faveur de ma sincérité.

PREMIÈRE PARTIE

DE

L'ESPRIT PHILOSOPHIQUE

DE
L'ESPRIT PHILOSOPHIQUE

LIVRE Iⁿ.

DE LA DÉFINITION ET DES ÉLÉMENTS DE L'ESPRIT PHILOSOPHIQUE.

CHAPITRE I.

LA QUESTION DE L'ESPRIT PHILOSOPHIQUE.

Le temps approche où cette question soulevée, puis délaissée à plusieurs reprises, sera directement abordée et nettement résolue : l'esprit philosophique est-il autre chose que les systèmes et les théories philosophiques ? Peut-on le distinguer de la philosophie sans le séparer d'elle ? Sont-ils l'un à l'autre ce que l'âme est au corps, celle-là, donnant la vie, entretenant la force, celui-ci, dépensant pour des buts et avec des succès divers, la vie qu'il reçoit, la force qui lui est communiquée ?

Ne semble-t-il pas qu'à tant d'écoles détruites, de doctrines délaissées, de théories remplacées par d'autres théories, une chose survit indestructible et incorruptible, le souffle même qui les anima, qu'elles ont reçu et perdu tour à tour, d'un seul mot l'esprit philosophique? Plus les ruines s'amoncellent, plus il se montre à nous supérieur à toutes les ruines; plus on détruit, plus son immortalité triomphe de la destruction.

Ce qui dure ayant le privilège d'attirer peu à peu tout le reste à soi, nous avons vu successivement les lettres, les sciences, la philosophie elle-même se réclamer de l'esprit philosophique, faire valoir les titres qui les unissent à lui, s'honorer enfin d'une dépendance qui leur est plus utile encore que glorieuse. La philosophie n'a jamais manqué d'ennemis : on ne connaît pas ceux de l'esprit philosophique. Il est des sceptiques qui nient la science, des indifférents qui ne s'en inquiètent pas : les plus indifférents et les plus sceptiques pensent avoir des droits sur l'esprit qui l'anime.

Ce qu'est en soi cet esprit si désiré, si vanté, si mal connu, d'autres le diront un jour, bientôt peut-être, et beaucoup mieux que nous. Notre ambition se borne à réunir quelques éléments de ce travail définitif.

CHAPITRE II.

VUES GÉNÉRALES. — SPIRITUS INTUS ALIT.

Animés d'un esprit, les hommes ont cherché de tout temps l'esprit qui anime non seulement les êtres vivants, mais les grands corps et les moindres objets de la nature. Ils ont imaginé l'âme du monde, ils ont donné une âme aux planètes, aux étoiles, à la terre, aux animaux, aux plantes. Les philosophes qui faisaient du feu le principe de toutes choses, et du feu central le foyer du monde, unissaient dans l'un et dans l'autre la nature spirituelle à la nature matérielle. Les poètes, interprètes des croyances les plus anciennes et les plus profondes de l'humanité, ont répété souvent ces expressions ou d'autres analogues : *Mens agitat molem.* — *Spiritus intus alit.* — Il est fâcheux pour les matérialistes que les langues de tous les peuples aient, à leur tour, et d'accord avec les poètes, prodigué les synonymes et multiplié les applications de ce mot si simple et si profond : *l'esprit*. Indiquons-en quelques-unes en rapport avec notre sujet.

Quand des écrivains célèbres ont composé de nombreux ouvrages, on en résume souvent les principales pensées, on en condense les sucs dans un petit nombre de pages, et l'on dit : c'est l'esprit d'un tel, de Platon par exemple. On estime que ces pages contenant plus de substance, sous un moindre volume, sont aussi plus capables de nourrir. C'est l'esprit même d'un homme supérieur qu'on veut infuser dans d'autres esprits. Si l'on y parvient, ils auront bientôt de lui tout le reste; ce trait unique, mais principal, les fera tôt ou tard, on l'espère du moins, à son image et à sa ressemblance.

C'est l'esprit d'une École qui la distingue d'une autre École, c'est lui qui est sa raison d'être. Elle dure tant qu'il dure, elle languit s'il vient à languir, s'il s'éteint elle disparaît. Souvent il préside à un vaste développement d'opinions, il enchaîne sous une même loi des caractères très opposés; il est assez fort pour animer plusieurs générations, pour durer un siècle et davantage. L'esprit philosophique ne serait-il point l'esprit qui donne à chaque École un peu de lui-même, et ne se donne pas tout entier ? Ou serait-ce que, par impuissance de le contenir, chaque École et chaque philosophe ne prennent de lui que ce qu'ils en peuvent porter ? Une École qui le recevrait et le garderait dans sa plénitude ne serait plus une École, elle serait la philosophie elle-même et la philosophie parfaite.

CHAPITRE III.

SUITE DES VUES GÉNÉRALES.

On ne dit pas seulement : l'esprit d'une École, d'un philosophe, d'une doctrine, on dit encore : l'esprit d'une famille, d'une cité, l'esprit d'un peuple, l'esprit d'un siècle. On voit l'esprit partout, et l'on ne croit pas avoir entendu parfaitement quelque chose que ce soit, livre, entreprise, loi, paix, guerre, institution, traité, révolution ou simple transformation, si on ne l'a vue dans son point central, dans son inspiration, dans son esprit. On pense avec raison que cet esprit, s'il est une fois connu, montrera la suite et l'enchaînement des faits, éclairera ce qu'ils ont d'obscur, révélera le point de départ et les conséquences. L'esprit n'est donc pas seulement principe de vie, il est source de lumière : il fait vivre et il fait voir. Par lui nous pensons, par lui nous voyons clair dans nos pensées et dans celles d'autrui.

Ceux qui n'ont jamais pris la peine de réduire à sa plus simple expression une doctrine philosophique s'imaginent volontiers que la philosophie est pleine de systèmes, tous plus embrouillés et plus compliqués les uns que les autres : il en naît tous les jours, nous n'en verrons jamais la fin. Ils ajoutent : on ne saura jamais le dernier mot d'aucun d'eux. C'est là une erreur qu'un peu d'attention dissiperait. Il n'est pas, en effet, une seule de ces doctrines qu'on ne puisse ramener à un petit nombre de pensées principales, et celles-ci à deux ou trois pensées encore plus simples dont un homme ordinaire peut avoir l'intelligence, alors même qu'il leur refuse ou leur ménage son adhésion. Ce qui appartient à un philosophe, si original et si profond qu'il soit, ce n'est jamais le germe de sa doctrine, il est en nous comme en lui, c'est le développement qu'il lui donne, c'est l'ordre qu'il met dans ses pensées, à partir d'une pensée unique ou principale, c'est l'abondance des détails, la richesse et la variété des points de vue, c'est enfin la force ou le charme du langage.

Partout donc un point culminant : dans la doctrine la pensée mère et maîtresse, dans l'École l'esprit. Ne peut-on simplifier encore ? Oui, sans doute, car un seul esprit peut engendrer et nourrir plusieurs pensées maîtresses : il est plus d'une manière, par exemple, de proposer et de prouver les mêmes vérités. Tous les philosophes spiritualistes n'ont qu'un même esprit, et toutefois ils se partagent en plusieurs Écoles : chacune d'elles a ses voies qu'elle préfère, son point de départ qu'elle a choisi, sa pensée principale, ses démonstrations, c'est-à-dire ses chaînes de pensées qui lui semblent plus solides. C'est donc toujours l'esprit que nous trouvons au sommet. Il se donne, de là les ressemblances ; il ne se donne pas tout entier, de là les différences. Les lacunes, les imperfections que les autres découvrent en nous grâce à lui, nous les voyons par lui dans les autres.

CHAPITRE IV.

DEUX DÉFINITIONS DE L'ESPRIT PHILOSOPHIQUE. (LE PÈRE GUÉNARD, PORTALIS.)

Nous avons sous les yeux deux définitions de l'esprit philosophique ; l'une date de l'apogée, l'autre des dernières années du xviiie siècle. L'une est brève, précise et tient en une ligne ; l'autre est longue, riche d'aperçus et remplit deux pages : c'est moins une définition qu'une explication. Le Père Guénard[1] subit une double influence : celle

---

[1] Jésuite lorrain, professeur à l'Université de Pont-à-Mousson, dont le discours sur l'*Esprit philosophique* obtint, en 1755, le prix d'éloquence décerné par l'Académie française.

de son siècle où abondait le talent, où le génie se faisait rare, celle de Descartes dont il est le disciple déclaré. Aussi a-t-il écrit : *l'esprit philosophique est le talent de penser.*

Portalis[1] a plus d'un souci, il ne saurait être aussi bref. Il veut séparer l'usage de l'abus, l'esprit philosophique des théories et des entrainements dont il n'est pas responsable : la définition s'évanouit sous les correctifs et les additions dont il la surcharge. Ce premier chapitre, si court qu'il soit, est, comme le livre entier, d'un jugement ferme et sain, d'un cœur droit, mais d'une abondance voisine de la diffusion. « L'esprit philosophique est le coup d'œil d'une raison exercée : il est pour l'entendement ce que la conscience est pour le cœur. Je le définis un esprit de liberté, de recherche et de lumière, qui veut tout voir et ne rien supposer, qui se produit avec méthode, qui opère avec discernement...... »

Arrêtons-nous à ces mots : discernement, méthode. Ce qui suit les répète sous différentes formes, ce qui précède les avait préparés. Sont-ils si loin du *talent de penser*? Penser n'est-ce pas

---

[1] Le livre de Portalis ne fut publié qu'après sa mort ; il a pour titre : *De l'usage et de l'abus de l'esprit philosophique durant le XVIIIe siècle.*

discerner, n'est-ce pas ordonner? Que seraient des pensées sans suite et sans lien ? Portalis nomme la méthode, le Père Guénard la suppose et y fait songer. Exprimé ou sous-entendu ce mot leur est commun comme l'idée qu'il exprime. Ou la méthode est à elle seule l'esprit philosophique, ou elle lui fournit quelque élément essentiel. Interrogeons-la.

CHAPITRE V.

LA MÉTHODE.

Conduire ses pensées par ordre, voilà en deux mots, de la plume de Descartes, le résumé de la méthode et de ses lois. On peut écrire et l'on a écrit déjà, sur ce sujet capital, un nombre infini de volumes, on ne fera jamais que les commenter. C'est au nom de l'ordre que la méthode discipline l'esprit, contient la précipitation, bannit le caprice, tempère ou réprime l'imagination. La méthode générale, c'est l'ordre général que doivent suivre nos pensées dans la recherche de la vérité. Une méthode particulière, c'est l'ordre de ces mêmes pensées déterminé d'une manière plus précise par l'objet spécial de nos travaux, quelquefois même par certaines dispositions de notre esprit. Qu'un seul procédé, dans une méthode particulière, soit mis hors de sa place, employé hors de son tour, il n'y a plus de méthode, les résultats sont nuls ou faux.

Toutes les recherches qu'on a faites sur la nature de l'intelligence, sur la valeur et les conditions de la connaissance, n'ont jamais démenti cette loi absolue que, pour savoir, il faut d'abord démêler, distinguer, discerner, c'est-à-dire ordonner. Ce qui est obscur ou confus; c'est ce dont on ne voit pas l'ordre; ce qui est clair et précis, c'est ce qu'on voit dans l'ordre exact de ses parties ou de ses éléments.

Ordonner est, pour les logiciens de Port-Royal, la quatrième opération de l'esprit, inséparable des trois premières. A la suite de leur maître, et d'accord avec les logiciens de tous les temps, ils l'ont nommée *méthode*. C'en est assez, je crois, pour bien entendre qu'ordre et méthode ne sont qu'un.

CHAPITRE VI.

LES SCIENCES.

La méthode est la clef des sciences : elle ouvre par le pouvoir de l'ordre, et c'est à l'ordre qu'elle conduit.

Supprimez la notion d'ordre, vous supprimez à la fois les sciences exactes et les sciences de la nature. Les premières n'auraient, sans elle, ni objet, ni lien, ni unité : elles l'analysent, l'étudient sous tous ses aspects, lui ravissent peu à peu les trésors qu'elle ne livre jamais tout entiers. Les autres lui doivent, avec l'idée de la loi, objet constant de leurs recherches, ces classifications si nécessaires à leur progrès qu'elles aiment mieux en établir d'artificielles que de s'en passer, comme elles aiment mieux proposer, sous le nom d'hypothèse, une loi provisoire que de n'en pas énoncer. La seule image, et comme l'ombre de l'ordre, est déjà pour les savants une ressource précieuse, un moyen d'arriver à l'ordre véritable.

Ce qui est vrai des sciences exactes et des sciences de la nature ne l'est pas moins de toutes les autres. Au lieu de les interroger une à une, demandons-nous quel serait l'idéal du savoir humain, idéal toujours poursuivi, toujours espéré, à travers toutes les déceptions. Ne serait-ce point : *l'ordre entier des choses fidèlement reproduit par l'ordre de nos pensées, — notre intelligence reflétant avec une exactitude parfaite les parties, l'unité, l'harmonie de l'univers?* Est-il un autre idéal, et que manque-t-il à celui-là ?

En attendant, c'est encore à la lumière de l'ordre que savants et philosophes s'efforcent de découvrir les rapports qui unissent les sciences anciennes et les sciences nouvelles, de les classer, de les subordonner, d'en dresser l'arbre généalogique. On le voit donc : qu'il s'agisse de l'objet des sciences, de leurs méthodes, de leurs rapports, de leur progrès, de leurs règles ou de leurs résultats, c'est l'ordre, toujours l'ordre qui apparaît comme élément premier et notion nécessaire ; c'est lui qui éclaire et qui juge, qui précède et qui termine.

CHAPITRE VII.

LA PENSÉE ET LA PAROLE.

Nous venons de le voir : la foi à l'ordre précède la recherche de l'ordre, et la connaissance de l'ordre des choses a pour condition nécessaire l'ordre de nos pensées : la méthode fonde la science. Mais, à leur tour, les recherches et les résultats des sciences ne pourraient être communiqués, s'ils n'étaient disposés dans un ordre régulier, s'ils ne formaient une suite. Que cette suite se nomme analyse ou synthèse, qu'elle ambitionne jusqu'au nom de système, qu'elle relie deux observations, deux pensées, ou qu'elle en enchaîne mille, c'est toujours une suite, c'est-à-dire un ordre aussi conforme que possible à la nature des choses et à celle de notre intelligence, répondant à l'une et à l'autre dans d'étroites limites ou de vastes proportions.

Si nous donnons, avec la plupart des logiciens et avec l'usage ordinaire, le nom de *pensée* à tout acte simple et distinct de notre esprit, que cet acte soit une perception, un jugement, un raisonnement ou une intuition (et dans ce cas l'*idée* précédera l'acte de la pensée comme élément, et le suivra comme résumé), nos pensées nous apparaîtront comme les anneaux de cette chaîne, ou très courte ou très longue, qui unit quelques vérités dans un même point de vue, ou une multitude de vérités dans un vaste système.

Mais chacune de nos pensées, à son tour, qu'est-elle sinon un tout distinct, ordonné en lui-même dans ses éléments, ordonné par rapport aux unités de même nature auxquelles il est associé, dont il dépend ou qui dépendent de lui, dont il a reçu ou dont il provoque la naissance, ordonné enfin par rapport au langage qui prête à la pensée un signe pour chacun de ses éléments, qui, par un rapide et merveilleux travail de sélection, d'adaptation, d'appropriation, l'appelle à la vie en lui donnant un corps, un caractère et quelquefois même l'immortalité.

Modèle et moyen d'ordre, ordonné et ordonnant tout ce qu'il touche, le langage est à lui seul une méthode : c'est ainsi qu'on l'a nommé quelquefois. Par lui nous nous entendons nous-mêmes et nous entendons les autres : où s'arrête son empire s'arrête celui de la pensée. C'est dire assez qu'où manque la notion d'ordre l'intelligence n'a point de place, la pensée et la parole ne peuvent se former : c'est l'empire du chaos et des ténèbres.

CHAPITRE VIII.

PREMIER TRAIT DE L'ESPRIT PHILOSOPHIQUE.

Suspendons un instant nos analyses, et avant d'aller plus loin, recueillons un résultat qu'elles nous livrent. Si la méthode doit à l'ordre toute sa puissance, si le langage est une méthode, si la pensée se constitue en s'ordonnant, si chaque science particulière, véritable chaîne de pensées, manifeste un point de vue de l'ordre universel que le savoir parfait nous révélerait tout entier, n'avons-nous pas, dans cet accord unanime, le premier trait et comme le caractère essentiel de l'esprit philosophique? Que sera-t-il s'il n'est point esprit d'ordre? Quelle sera sa fonction principale si ce n'est le *discernement de l'ordre*? Mais nous n'avons pas entrepris de donner une définition, nous ne savons même pas encore si elle est possible : c'est seulement un résultat que nous recueillons et notons en passant. Reprenons notre analyse commencée.

CHAPITRE IX.

L'ESPRIT D'EXCLUSION.

Si pour savoir il faut distinguer, pour bien savoir il faut que la distinction soit exacte et entière. Le discernement de l'ordre vrai des choses exige, quel que soit l'objet de notre étude, qu'on n'omette aucun élément, aucun rapport essentiel. Intervertir l'ordre des parties, placer avant ce qui est après, au-dessous ce qui est au-dessus, ce n'est point discerner, c'est confondre. Prendre la partie pour le tout serait plus grave encore, et se voit pourtant tous les jours, même chez les philosophes.

Bornons-nous à un seul exemple : la nature de l'homme. Il est matière pure, disent les uns, et ils suppriment l'esprit. — C'est un corps uni à une âme, disent les autres, et ils se hâtent de séparer ce qu'ils n'ont joint qu'en paroles. En effet ce corps et cette âme, comme deux horloges bien réglées, vont côte à côte, marquant sans cesse la même heure, la même seconde : c'est tout le rapport qu'ils ont entre eux. — Celui-ci ne voit dans l'âme que la pensée : tout le reste illusion pure ou simple dépendance. — Celui-là attentif à la seule sensation en fait sortir, par des procédés ingénieux, nos idées, nos pensées, nos facultés, tout ce que nous sommes. — Foin du sentiment, disent les uns, c'est un obstacle et un embarras, l'homme n'est rien que par la raison. — Toute la puissance de l'homme lui vient de l'amour, répliquent les autres : nous ne valons que par le cœur. — Quelques-uns croyant apercevoir, pour la première fois, dans notre âme de petits phénomènes que de grands esprits avaient négligé de décrire, ont proclamé que la psychologie allait naître enfin de leur découverte. — Ils s'étaient trop hâtés, mais ceux qui les condamnent présentement ont-ils enfin, dans leurs curieuses recherches, embrassé l'homme entier ? Sont-ils moins épris d'eux-mêmes et de leur point de vue propre, moins étroits, moins exclusifs ? J'entends déjà la réponse de leurs successeurs.

Nous venons de nommer le premier ennemi de l'esprit philosophique, l'esprit d'exclusion. C'est lui qui nous emprisonne dans une étude particulière, qui nous asservit à des analyses que nous dédaignons de comparer et d'unir à d'autres analyses. C'est lui qui émousse notre regard, rétrécit notre domaine, diminue peu à peu la capacité de notre esprit ou le remplit de détails inutiles. C'est lui qui nous borne dans tous les sens, qui nous rend injustes pour nos devanciers, envieux de nos contemporains, incapables d'embrasser, avec une vue affaiblie, un vaste horizon de vérités.

Si la nature est un divin tableau, pourquoi ne pas agir envers elle comme l'amateur de peinture à l'égard des tableaux des maîtres ? De l'étude et de l'admiration des détails il revient sans cesse à l'étude et à l'admiration de l'ensemble. Ni la perfection des parties ne lui fait négliger l'harmonie du tout, ni cette harmonie ne le ravirait, comme elle doit, s'il n'avait d'abord étudié la place et la valeur de chacun de ses éléments. A plus forte raison les grands maîtres eux-mêmes, quand ils s'efforcent de réaliser l'idéal qu'ils ont conçu. Mais les philosophes ne sont-ils pas, à quelques différences près, les peintres d'une réalité merveilleuse et d'un idéal divin? J'en dirais autant des savants, si je ne craignais de les scandaliser.

CHAPITRE X.

SUITE DU MÊME SUJET.

— Vous êtes matérialiste : Je crois comme vous à la matière, mais je ne m'y enferme pas; j'en suis fait, mais non pas d'elle seule.

— Vous dites que la nature est animée d'un souffle divin : J'y consens, mais ne renonce point à distinguer la vie universelle de celui qui en est la source.

— Vous inclinez au sensualisme : Je tombe d'accord avec vous que la sensation a sa place, et souvent la première en date, dans les opérations de notre âme, mais elle ne finit point tout ce qu'elle commence.

— Vous êtes idéaliste : Je déclare que l'expérience, sans la lumière intérieure[1], ne suffirait pas à constituer une seule pensée, mais à charge de retour.

---

[1] Voir Troisième Partie : *De la lumière intérieure.*

— Le mysticisme vous séduit : Je fais, de mon mieux, la part du cœur et de l'intuition.

— Vous doutez : Moi de même, mais pas de tout, ni toujours. Dieu me garde de croire à tout ce qu'on dit et à tout ce qu'on écrit.

— Vous ne voulez rien connaître en dehors des faits positifs..... : Sinon sans doute la lumière intérieure qui vous permet de les distinguer et de les ordonner. Elle n'est pas moins positive qu'eux, et sans elle vous ne les verriez point.

— Vous êtes rationaliste : Je ne fais pas moins d'état que vous de la raison et de ses privilèges. Mais je tiens d'elle-même que son pouvoir a des bornes. Vous me permettrez de l'en croire et de demeurer, par là, plus fidèle que beaucoup d'autres à la voix de la raison.

En un mot, je suis tout ce que vous êtes et suis quelque chose de plus ; j'affirme ce que vous affirmez de vrai et j'affirme ce que vous avez tort de nier. Où vous vous arrêtez, je continue de marcher et m'en trouve bien. Qui vous empêche de me suivre ? Assurément ce n'est pas l'esprit philosophique, il vous ordonne d'avancer. C'est l'esprit d'exclusion qui diminue, rapetisse, rétrécit, et qu'on pourrait nommer aussi bien l'esprit de secte, l'esprit de parti et, trop souvent, le parti pris.

CHAPITRE XI.

SECOND TRAIT DE L'ESPRIT PHILOSOPHIQUE.

Ce qu'est l'idéal pour les peintres, l'ordre l'est pour les philosophes et pour les savants. Les tableaux des uns demeurent toujours au-dessous de la beauté qui ravit leur âme, les théories des autres et leurs systèmes ne réalisent jamais l'ordre qu'ils conçoivent. L'amour de l'idéal est, chez les premiers, à l'origine et avant tout travail; chez les seconds c'est la foi à l'ordre. Amour et foi grandissent avec les années, les efforts, les succès, les revers. Les peintres ont beau, de chef-d'œuvre en chef-d'œuvre, monter dans les régions de l'idéal, ils n'atteindront jamais le sommet. Philosophes et savants s'élèvent en vain de formules en formules, de lois en lois, vers la loi qui résumerait toutes les autres, elle se dérobe à leur génie et à leurs recherches. Plus haut que l'ordre découvert ils entrevoient toujours un ordre plus parfait, et par delà tous les êtres classés, toutes les choses ordonnées, l'Être par lui-même, l'éternel Principe de l'ordre. A ce degré supérieur où tout degré cesse, l'ordre n'est plus seulement la lumière qui nous fait voir ce qui est, il se confond avec l'Être même, comme la lumière du jour ramenée à sa source se confond avec le soleil.

Chez ceux dont la foi va sans défaillir, grandissant avec la grandeur de son objet, l'esprit de discernement atteint son plus haut point. Mais à quelque degré que s'arrête la foi des autres elle demeure la mesure de leur progrès. Jamais hypothèse, jamais conception féconde n'est sortie d'une âme que les grandes idées d'ordre et d'harmonie ne remplissaient pas, au point de la passionner.

CHAPITRE XII.

SUITE DU MÊME SUJET.

Peut-être n'y a-t-il point toute la distance que l'on croit d'un philosophe à un poète, d'un peintre à un savant. Un beau tableau, une grande pensée, une théorie profonde, un poème inspiré ont des rapports que découvre un esprit attentif. N'ont-ils pas du moins celui-ci, que l'amour seul peut bien goûter, entendre, admirer ce que l'amour fait naître. Il y a du bonheur à découvrir le vrai, à produire le beau ; le bonheur n'est pas moins vif de contempler la vérité et la beauté. Plus l'œuvre est grande, plus elle a coûté d'amour, plus elle en inspire. Sans la foi à l'ordre l'expérience est muette, sans la passion de l'idéal la nature est glacée. Il faut aimer d'avance ce qu'on veut connaître ou créer ; les indifférents n'ont jamais rien conquis : on ne connaît ni leurs inventions, ni leurs chefs-d'œuvre.

Nul ne conteste à la pensée son droit au premier rang, mais sans l'amour se serait-elle seulement éveillée ? Qui l'aurait soutenue, animée, retrempée ? Nous ne discernons le vrai et l'ordre des vérités que suivant les lois de notre nature et celles de notre conscience. Or, notre nature est d'aimer ce qui a plus d'être, c'est-à-dire plus d'éléments ordonnés, plus de vie, de beauté, de bonté, et notre conscience ne sépare jamais la pensée de nous-mêmes de l'amour de nous-mêmes. C'est le premier trait de l'ordre en nous comme en Dieu ; tous les autres se forment à partir de celui-là et ne le démentent point. Discerner le vrai sans aimer le vrai, sans l'aimer jusque dans son Principe, nous paraît difficile, et si cette séparation est possible en certains cas, loin de nous servir elle diminue notre pouvoir d'entendre et de créer.

CHAPITRE XIII.

SAGESSE ET PHILOSOPHIE.

Les premiers philosophes n'aspiraient à rien moins qu'au savoir universel : ils espéraient y atteindre en observant et en pensant. Or, il était difficile que leurs observations fussent assez nombreuses, assez exactes, et ils avaient trop compté sur la force de leurs pensées. Ils s'en aperçurent et se ravisèrent. Au titre de sages qu'ils s'étaient donné d'abord, ils substituèrent celui d'amis, d'amants de la sagesse : ils se nommèrent philosophes. Ils déclaraient ainsi leur passion sans réserve pour le bien qu'ils ne pouvaient posséder tout entier. Un nom si bien fait, si plein de modestie, devait être accepté : il demeura, il subsiste encore.

A ceux qui demanderaient les raisons de la grande fortune qu'il a faite, la meilleure réponse à donner c'est que les hommes ont compris, de bonne heure, quels liens étroits enchaînent la possession de la vérité et l'amour de la vérité, d'une manière plus générale la pensée et l'amour. Pouvaient-ils ne pas unir, dans la recherche du vrai, les deux éléments de notre vie morale, ceux que découvre notre âme au premier regard qu'elle jette sur elle-même. Pouvions-nous, à notre tour, ne point les retrouver, quand nous demandions à l'analyse les éléments essentiels de l'esprit qui dirige le philosophe dans toutes ses recherches, qui l'affermit dans la possession et le guide dans le discernement de la vérité.

CHAPITRE XIV.

DU MOT *DISCERNEMENT*.

Mais pourquoi ce mot *discerner* plutôt que tout autre, plutôt que voir, apercevoir, entendre, comprendre? Quelles raisons de votre choix?

Nous n'avons pas choisi : le mot s'est présenté de lui-même : la réflexion, loin de l'écarter, lui a conservé le rang qu'il avait pris.

Discerner nous paraît être, parmi tant d'autres actes de l'esprit, l'acte principal de la créature raisonnable. Quand prenons-nous possession de nous-mêmes? Quand devenons-nous des hommes? A l'âge de discernement. C'est par le discernement du bien et du mal que la raison s'affirme d'abord et qu'elle entre en exercice. C'est en s'appliquant au discernement du vrai et du faux qu'elle grandit et se fortifie.

On discerne les caractères, les aptitudes, les tendances, la valeur des hommes et des témoignages. On discerne l'erreur d'une proposition, la légitimité d'un droit, la vérité ou la fausseté d'une théorie, le sens d'une loi, l'intention d'un législateur, les éléments d'un corps, la fin d'un organisme. Qui ne souhaiterait, entre autres qualités, de posséder ce qu'on nomme, dans la langue ordinaire, le discernement des hommes et des choses?

Personne d'ailleurs ne s'y trompe et n'attribue ou à la seule nature, ou à la seule culture, un bien si désirable. Il vient de l'une et de l'autre, et le mot est marqué du sceau de sa double origine. En est-il beaucoup d'aussi expressifs et qui disent à la fois ce qu'ils font, comme ils le font et d'où ils viennent?

Voir est très général, *apercevoir* n'atteint que les surfaces, *entendre* dit plus que voir, mais ne précise rien et n'apprend rien sur la manière dont nous entendons. *Comprendre* dépasse souvent notre portée, et n'est pas de tous les esprits ni de toutes les questions. La philosophie, en s'emparant de *concevoir* et de *percevoir*, leur a donné des sens divers et discutables. *Discerner* est vraiment propre à l'homme qui connaît en distinguant, qui connaît peu à peu, qui connaît par l'ordre et ne connaît pas tout.

CHAPITRE XV.

RÉSUMÉ DES CHAPITRES PRÉCÉDENTS. QUATRE ÉLÉMENTS DE L'ESPRIT PHILOSOPHIQUE.

Si, pour discerner l'ordre inséparable du vrai que nous découvrons à sa lumière, il faut l'aimer, si cet amour, pour produire tous ses effets, doit s'élever jusqu'à l'éternel Principe de l'ordre, n'avons-nous pas, réunis en ces quelques propositions, les éléments d'une définition rigoureuse? Et toutefois nous nous faisons de la définition, de sa difficulté, de son autorité, une idée trop haute pour élever nos prétentions jusqu'à elle. Bornons-nous donc à dire que l'esprit philosophique pourrait bien être, *dans les intelligences cultivées, l'amour et le discernement de l'ordre.* Ajouter *l'ordre vrai des êtres et des choses* nous semble inutile et ne rendrait pas la pensée plus claire.

On pourrait dire encore du vrai philosophe qu'il s'efforce de *rapporter chaque chose à son ordre et tout ordre à Dieu.* Ce serait une manière un peu différente de résumer les pages qui précèdent.

Ceux enfin qui cherchent la plus grande concision n'auront point de peine à la trouver. En effet, ce mot discernement renfermant en lui, d'une manière générale, plusieurs idées que l'analyse démêle sans effort, qui dirait *esprit de discernement* dirait beaucoup déjà et ferait plus entendre.

Le discernement de l'ordre a pour point de départ la recherche de l'ordre que l'amour, de son côté, ne laisse point languir: il éveille la curiosité, ranime l'ardeur, soutient jusqu'au bout l'effort de l'âme. Ce même amour, s'il n'est pas seul toute la liberté, comme on l'a prétendu, et s'il ne se confond pas avec elle, du moins l'implique-t-il. On est libre en effet quand on aime l'ordre aussi pleinement qu'il faut l'aimer, dans ses manifestations et dans son principe, quand on l'aime plus que ses intérêts et ses passions, plus que ses préjugés et ses préventions, plus que les préjugés et les préventions de ses contemporains. Ce dernier sacrifice dépasse de beaucoup tous les autres : il est le suprême effort de l'amour et comme le sceau de la liberté.

Enfin, comment chercher l'ordre et le discerner, si l'on n'emploie l'ordre lui-même à cette recherche, l'ordre dont les anciens ont fait, sous le nom de mesure ou de modération, l'une des quatre grandes vertus. La mesure est en nous comme le sens même de l'ordre, qu'offense tout excès, que charme toute harmonie, qu'affaiblirait toute injuste exclusion. Elle a, par droit d'origine, sa place marquée parmi les éléments de l'esprit philosophique.

En résumé, l'esprit philosophique, dont la définition, si elle est possible, ne saurait s'éloigner beaucoup de celles que nous avons proposées, comprend quatre éléments essentiels :

La recherche curieuse de la vérité,

La liberté,

La mesure,

L'amour de l'ordre et de son Principe.

L'analyse les découvre, l'histoire des Écoles philosophiques confirmerait au besoin les résultats de l'analyse.

Essayons de pénétrer plus avant dans les secrets de son origine et de sa nature.

FIN DU LIVRE PREMIER.

LIVRE DEUXIÈME.

CONSIDÉRATIONS SUR L'ORIGINE ET LA NATURE DE L'ESPRIT PHILOSOPHIQUE.

CHAPITRE I.

CŒLESTIS ORIGO.

On peut se demander, car on s'est posé toutes les questions : d'où vient que notre esprit doit ordonner pour entendre, discerner pour savoir? — Je réponds qu'il est ainsi fait, que nous n'y pouvons rien, et que s'il est soumis à la loi d'ordonner, c'est qu'il y a, selon toute apparence, un ordre des choses. — On ne le nie point, mais on ajoute : d'où vient qu'il y a un ordre des choses? — Je réponds que cet ordre borné, passager, reflète sans doute un ordre infini, éternel. — Mais cet ordre infini auquel vous nous renvoyez, qu'est-il lui-même ? Ne serait-ce pas une Idée au sens platonicien du mot, un type absolu? — J'y consens, mais à condition que cette idée soit idée d'une intelligence infinie comme elle. Autrement je cesse de comprendre, et l'idée divine qui n'est pas l'idée d'une intelligence divine n'est rien pour moi. Mais à son tour l'intelligence implique l'être, et si notre idée de l'ordre est quelque chose, elle est, ramenée à son principe, l'Idée parfaite que pense éternellement l'Être parfait.

En lui l'ordre est à la fois être et lumière, en nous il est lumière communiquée, dans les choses il n'est plus qu'un reflet. Il est en Dieu, quelque nom qu'on lui donne, celui du Bien ou celui du Beau par exemple, l'essence même de son être. Il est en nous, au plus intime de notre âme, à la racine de notre raison, pour nous faire intelligents. Il est dans les choses pour en montrer les rapports et la suite, pour les faire intelligibles.

CHAPITRE II.

SUITE DU MÊME SUJET.

Il serait étrange, bien qu'on l'ait parfois prétendu, qu'un mot fût d'autant plus vide qu'il aurait plus de généralité, et que son extension à un nombre infini d'êtres et de choses eût pour résultat d'en faire la plus creuse des abstractions. L'ordre à ce compte n'aurait point d'égal. Les usages de ce mot sont tels dans la langue et dans la vie, dans la science et dans l'art, dans la spéculation et dans la pratique, qu'il faudrait renoncer à s'entendre, si on en interdisait l'emploi. Je laisse à mes lecteurs le soin de chercher ce que deviendraient la musique, la peinture, la politique, la paix, la guerre, la police, la logique, l'histoire naturelle, la philosophie, la religion, l'évolution, le positivisme aussi bien que la métaphysique, et jusqu'à l'ordre présent des choses, si ce mot indispensable était supprimé par l'ordre d'une puissance supérieure. Encore celle-ci devrait-elle parler pour se faire entendre, penser pour parler, vivre pour penser, le tout dans un ordre qu'on n'a jamais su changer et qui ramène, avec toutes ses suites, le terme qu'on voulait exclure.

Les novateurs, les inventeurs, sans parler d'un grand nombre de philosophes, ont un mot qu'ils répètent sans cesse et qui est comme la clef de leur théorie, le résumé de leur système. Si ce mot n'est qu'une abstraction, un fantôme, une vaine image, ils méritent les reproches qu'on leur adresse, même celui d'idolâtrie. Il n'en est pas ainsi de l'ordre au sens où nous l'entendons. Toute sa puissance comme idée, toute sa valeur comme expression lui viennent de la réalité suprême. C'est elle qui lui donne son sens par sa sagesse, sa vérité par son être, et les deux ne sont qu'un.

CHAPITRE III.

L'ESPRIT PHILOSOPHIQUE ET LA RAISON.

Votre esprit philosophique ressemble fort à la raison. Encore quelques explications de ce genre et il finira par se confondre avec elle. — Nous ne le croyons pas; nous avouons pourtant qu'il y touche de fort près, et que si l'ordre n'est pas toute la raison, il suffit du moins à en résumer les principes.

La raison a plusieurs points de vue d'où on la peut embrasser tout entière. L'ordre est un des mieux situés, et c'est à lui qu'on rattache plus facilement tous les autres. L'observateur qui s'y place ne lui donne pas plus de prix par sa présence, mais il y est plus à l'aise, et, de ce point central, il ramène sans effort à l'unité les grandes lignes du tableau. Qu'il en soit ainsi, nous avons essayé de le faire voir, mais de tous les témoignages celui de la parole est peut-être le plus décisif. Non seulement elle multiplie à l'infini les mots qui dérivent de l'ordre ou se rapportent à lui, mais de ce mot lui-même elle abaisse la valeur au point de l'appliquer aux choses les plus humbles et elle la hausse jusqu'à l'adapter aux plus sublimes. Le Parfait, l'Infini, l'Éternel s'appliquent à Dieu seul, le Beau, le Bien, le Saint ne descendent pas fort bas dans l'échelle des êtres et des choses. L'ordre seul parcourt, du plus simple rapport jusqu'à l'ordre universel, tous les degrés, toutes les nuances : il peut signifier ce qu'il y a de plus petit et ce qu'il y a de plus grand, le concours de deux atomes et la Sagesse divine. C'est en lui que la raison de l'homme se retrouve le mieux, c'est par lui qu'elle se dirige le plus volontiers, non point, nous l'avons vu, dans le domaine de la seule abstraction, mais dans celui de la pleine réalité.

Une différence de l'esprit philosophique et de la raison que le progrès des siècles n'effacera jamais, c'est celle qui résulte de la culture de l'intelligence. On est tenté de sourire, quand on entend parler d'une raison qui rendrait chez tous les hommes, et sur tous les sujets, des oracles infaillibles. La lumière intérieure[1] peut éclairer à dix

---

[1] Voir Troisième Partie : *De la lumière intérieure.*

pas comme à dix lieues: tout dépend des aliments qu'on lui donne. Elle ne s'éteint pas plus chez l'ignorant que chez l'homme instruit, mais tandis qu'elle languit chez le premier, elle peut, chez le second, briller d'un vif éclat. La raison devient en lui, à un degré, à un moment qu'il n'est pas toujours facile de déterminer, l'esprit philosophique. C'est pour cela que nous avons dit dans un chapitre précédent qu'il est, *dans les intelligences cultivées,* l'amour et le discernement de l'ordre. Ce n'est pas dès le premier jour, et sans de continuels efforts, qu'on rapporte toute chose à son ordre et tout ordre à Dieu.

CHAPITRE IV.

SENS COMMUN, BON SENS, ESPRIT PHILOSOPHIQUE.

Le moindre usage de la lumière intérieure uni à quelque peu d'expérience suffit au plus grand nombre des hommes pour se diriger dans la vie, éviter les lourdes chutes, les grossières erreurs, régler de médiocres intérêts, en un mot pour ne pas rompre avec le sens commun.

Plus actif, plus personnel, le bon sens n'a toutefois qu'une faible portée et peu ou pas d'élévation. On a le bon sens qui convient à sa profession, à son métier, à ses intérêts, au cercle étroit de ses relations et de ses habitudes ; en général on en a moins, quand il s'agit des intérêts d'autrui, des questions qui réclament l'étendue des connaissances et celle de l'esprit. Chez l'homme de bon sens le pouvoir de discerner est réel, parfois remarquable, mais appliqué le plus souvent à de médiocres objets, resserré dans d'étroites limites. Il porte en lui le germe de l'esprit philosophique : par malheur ce germe, que ce soit la faute de la nature ou celle de la culture, donne rarement tout ce qu'il promet.

Le sens commun, le bon sens sont comme les premiers degrés de l'esprit philosophique qui doit s'exercer dans les petites choses avant de s'élever aux grandes, et qui cesse d'être lui-même s'il renie ses commencements. Le discernement de l'ordre universel est fondé sur celui des ordres particuliers, comme l'harmonie du monde se compose de mille harmonies élémentaires dont chacune a sa valeur et sa beauté.

CHAPITRE V.

L'HOMME D'ESPRIT.

Il est rare que les hommes doués à un haut degré de l'esprit philosophique soient des hommes d'esprit, au sens frivole de ce mot. L'homme d'esprit s'inquiète peu si les rapports qu'il croit découvrir entre les choses sont vrais ou faux, passagers ou durables : c'est assez pour lui qu'ils soient inattendus. Il vise si peu à connaître l'ordre et à le faire connaître qu'il le trouble à chaque instant. Il se dépense tout entier à imaginer des contrastes, des oppositions, des rencontres ou des chocs imprévus, dont la nouveauté réveille un instant l'attention, dont l'invraisemblance lasse bientôt la raison. Les vérités que le philosophe découvre sont, pour notre esprit, un aliment qui ne s'épuise point, un spectacle qui le ravit. Les faux brillants que l'homme d'esprit nous propose ne flattent qu'un instant notre regard. Sans cesse il les faut changer : au médiocre plaisir qu'ils nous procurent succèdent bientôt le dégoût et l'ennui.

L'homme d'esprit veut qu'on l'admire, le vrai philosophe s'oublie lui-même et n'admire que la vérité. L'un ne songe qu'à plaire, l'autre qu'à instruire. La dépense du premier est toute en artifices et en saillies, celle du second toute en méthode, en patience, en persévérance. La loi de l'ordre est si bien la première loi de notre intelligence que tous deux s'efforcent également de découvrir des rapports et de les faire ressortir. Mais, tandis que celui-ci envisage uniquement le rapport vrai ou faux sur lequel il concentre le peu de lumière dont il dispose, celui-là, préoccupé de la mesure et des proportions, voit dans chaque détail son rapport avec le tout. Il lui donne dans sa pensée et dans son langage la place qu'il tient dans la réalité.

La recherche de l'ordre vrai est le moindre souci de l'homme d'esprit. Sait-il seulement qu'il y a un ordre universel, et l'harmonie parfaite n'est-elle pas une chimère ? Elle est, en tout cas, trop haute et trop vaste pour donner la moindre prise à son petit talent.

Il n'y aurait point d'hommes d'esprit, au sens léger du mot, dans un pays où l'esprit philosophique serait florissant, ou du moins on les goûterait peu. Leur succès n'est pas dans les grands siècles, mais plutôt dans ceux qui inclinent vers la décadence.

CHAPITRE VI.

L'ESPRIT PHILOSOPHIQUE ET LE CRITERIUM DE VÉRITÉ.

La recherche de la pierre philosophale et celle du *criterium* unique de la vérité pourraient bien appartenir au même ordre, et aboutir au même résultat : nous en avons dit ailleurs les raisons[1].

On croit avoir fait beaucoup de nous renvoyer à l'évidence. Mais d'où vient l'évidence, et qui en jugera ? Car enfin, on discute de bien des choses, et quelques-unes paraissent à ceux-ci fort claires, fort distinctes, que ceux-là déclarent ne pas même entendre. Nous n'hésitons pas à dire : l'évidence, c'est l'ordre aperçu, discerné, et ce qui juge de l'évidence, c'est le degré de l'ordre et sa perfection.

Ce qui est en soi plus clair, c'est ce qui laisse mieux apercevoir l'ordre de ses parties et de ses éléments, leurs rapports entre eux et avec ce qui les entoure. Rien dans le monde n'est isolé et ne va seul : tout ce qui est fait partie d'un ordre, a

---

[1] Traité de *La Métaphysique simplifiée.*

sa place dans un ensemble, se rattache à un centre, qui dépend d'un autre, qui, de centre en centre, dépend de Dieu. Bien voir cette suite et ces dépendances, c'est voir clair, c'est voir le vrai.

Entre deux évidences contraires, entre deux affirmations qu'on déclare opposées l'une à l'autre, c'est encore l'ordre qui prononce. Si l'une des deux est fausse (et la contrariété n'est souvent qu'apparente), elle ne résiste pas au contact d'une vérité supérieure, elle ne trouve point sa place dans un ordre plus élevé. Un degré de plus dans la lumière, c'est-à-dire dans l'ordre, est fatal à l'erreur : il la dévoile et l'exclut. C'est le contraire pour la vérité dont l'importance, si faible qu'elle soit au premier regard, s'accroît et grandit à mesure qu'on la compare à des vérités d'un ordre plus élevé, et qu'on découvre mieux sa place dans l'ordre universel.

Rattacher à l'ordre, lumière dans laquelle nous voyons ce qui est, toutes les notions dites premières ou absolues, et faire de l'ordre la condition de la clarté, la source de l'évidence, n'est-ce pas donner en définitive le dernier mot à la raison ; n'est-ce pas dire que toutes les forces de notre âme ont leur emploi dans la recherche de la vérité ?

CHAPITRE VII.

L'ESPRIT DES SOPHISTES ET L'ESPRIT PHILOSOPHIQUE.

Les esprits assez vastes pour embrasser, sans rien exclure, un grand nombre de rapports, assez vigoureux pour les ramener à l'unité, ces esprits sont rares dans l'histoire des sciences et dans celle de la philosophie. La plupart se complaisent dans un point de vue unique et étroit. Le maître nous y a placés, il avait ses motifs, gardons-nous d'aller plus loin. L'avons-nous choisi nous-mêmes, raison de plus pour nous y fixer et ne rien savoir du point de vue d'autrui. Sorti de soi pour n'y plus rentrer l'un se perd dans l'ample sein de la nature, se disperse dans la variété de ses phénomènes ; l'autre s'absorbe dans sa pensée, et regarde passer toutes choses dans son âme comme dans un miroir. Celui-ci tient pour les sens, celui-là pour la raison, tous deux exclusivement. On en a vu qui ne croyaient qu'au témoignage universel, d'autres qu'à l'inspiration, d'autres qu'à eux-mêmes. Prisonnier volontaire dans l'enceinte où il s'est confiné, chacun y bâtit, s'y fortifie et oublie le reste de l'univers. Ce sont là des fautes graves contre l'esprit philosophique, et de ces fautes sortiront mille erreurs. Et pourtant ceux qui les commettent ne sont pas flétris du nom de sophistes : on leur donne tel ou tel titre correspondant à l'excès où ils tombent, point celui-là.

L'instinct des langues a bien deviné quelle différence profonde sépare ceux qui violent la loi de ceux qui la nient, ceux qui diminuent l'ordre de ceux qui le suppriment. Le sophiste est de ces derniers, il aime le désordre et il s'y complaît : c'est son propre élément. Il ne croit à rien, pas même aux choses qu'il dit avec une apparence de force et de bonne foi. Il se fait un jeu de la parole et de la pensée, un jeu d'autrui, un jeu de lui-même. Prompt à saisir, habile à faire ressortir les oppositions et les contradictions apparentes, il se refuse à voir les rapports et les harmonies, il exploite avec un art incroyable les *antinomies* qu'il imagine. Niant l'ordre, il nie la raison et soutient, avec une égale assurance, les thèses les plus opposées. Menteur et flatteur, il ne croit qu'à sa puissance de mentir et de flatter. On ne sait pourquoi, dans cette confusion universelle qui est son œuvre, il discerne encore ce qui peut lui rapporter honneur et profit, car il ne le devrait point faire. Mais il est moins détaché de ses sens que de la vérité ; au fond, c'est un épicurien, les dehors seuls sont d'un sceptique.

Isolés, clairsemés, tenus pour ce qu'ils valent en temps ordinaire, les sophistes ne font quelque figure qu'aux heures de crise, quand les peuples s'affaissent ou se transforment. Plus ils ont de lettres et de talent, plus ils acquièrent d'influence, plus ils deviennent dangereux. Ils ne le seraient point et leur pouvoir de nuire serait fort limité, si nous ne nous faisions plus ou moins leurs complices, si nous n'aimions à être caressés, flattés, trompés, si nous n'avions nous-mêmes nos révoltes intérieures contre l'ordre, et de secrètes complaisances pour ceux qui jugent de tout sans croire à rien (c'est le caractère distinctif des sophistes), qui soutiennent avec finesse et élégance des paradoxes piquants, sinon de grossières erreurs.

Les sophistes ne peuvent rien sans notre concours, et s'ils opposent, contredisent, troublent, confondent, s'ils rendent pour un temps le discernement de l'ordre plus difficile, et remportent sur l'esprit philosophique des triomphes passagers, c'est que nous le voulons bien. Où règnent la mesure, la modération, où les âmes sont libres et les cœurs sincères, ils n'ont pas de place et leur crédit est nul. Qu'ils nous servent du moins, par le spectacle de leurs excès, à bien comprendre toute la valeur de l'esprit de discernement, de l'esprit philosophique.

CHAPITRE VIII.

L'ESPRIT PHILOSOPHIQUE ET L'ESPRIT RELIGIEUX.

Si la raison expliquait tout et s'expliquait elle-même la foi ne serait point nécessaire, et l'esprit philosophique pourrait se passer de l'esprit religieux. Il n'en est rien : tout commence et tout finit ici-bas par un acte de foi ; l'ordre que la raison nous découvre se termine, dans tous les sens, à un ordre infini dont notre œil s'épuise en vain à sonder les abimes.

Qu'on nomme cet ordre *supérieur*, *surnaturel*, *transcendant*, *inconnaissable*, peu importent les mots : il est, on ne peut le nier, mais il n'a pas le privilège de l'inconnu et du mystère. Je crois à la *matière* et ne sais point quelle est l'essence de la matière ; on n'a point non plus, que je sache, clairement expliqué jusqu'aujourd'hui en quoi consistent l'*espace* et le *temps*, dont nul n'oserait dire toutefois que ce sont de pures abstractions : or le monde sensible se résume dans ces trois mots. On y pourrait joindre celui de *force*, sans qu'il apportât toute la lumière qu'on désire.

L'essence des choses est au-dessus de notre portée : notre raison, notre parole se déploient dans une région moyenne que l'infini enveloppe de toutes parts, et si nous chassons de notre âme la seule idée ou, — ce qui est plus facile, — si nous retranchons de nos discours le seul mot vivant et qui vivifie tous les autres, Dieu, nous allons d'abstractions en abstractions, d'obscurités en obscurités jusqu'à n'être plus compris et ne nous plus comprendre. Si Dieu existe, Dieu infini, parfait, incompréhensible, il réclame l'amour et l'adoration, l'esprit religieux est justifié. S'il n'existe pas, la raison n'a plus de fondement, l'ordre plus de principe : il faut choisir d'accepter la raison tout entière ou de la rejeter tout entière.

Socrate fut, de son temps, le plus religieux des philosophes : l'antiquité est unanime sur ce point. Le surnaturel chrétien effraierait-il celui que remplissait un sentiment si profond du monde invisible et de ses mystères? Descendrait-il parce que nous sommes montés, et, de peur d'être chrétien, cesserait-il d'être religieux? Ou le verrait-on prendre ce parti surprenant pour un sage, de s'incliner, avec un *profond respect* et une *tendre vénération*[1], devant la doctrine de l'Évangile auquel il ne croirait pas? Ces équivoques répondraient mal à son caractère; ce n'était guère sa coutume de se dérober à la vérité et de lui refuser l'hommage public de sa foi. Il avait de l'ordre, de son

---

[1] Victor Cousin.

unité, de sa beauté une idée trop exacte pour s'imaginer qu'il pût y avoir des vérités gênantes, des vérités inconciliables, des vérités opposées l'une à l'autre. Ces façons de parler auraient provoqué son sourire; les plus sublimes vérités n'ont jamais effrayé ni sa pensée ni son amour.

Est-ce parce que l'Évangile a mis dans les sociétés humaines plus d'ordre et de justice, sans parler de la charité, que Socrate refuserait d'adhérer à ses enseignements? Est-ce parce que le monde moral, le monde de l'âme nous a révélé, grâce à lui, des harmonies plus parfaites, que le père de la psychologie, comme on l'a nommé quelquefois, mentirait à son principe et renoncerait à une connaissance plus exacte, plus complète de lui-même? Est-ce enfin parce que le Christianisme explique et console tout à la fois le mal, la douleur et la mort, toutes questions qu'une philosophie prudente passe sous silence ou traite faiblement, que Socrate voudrait n'avoir point sa part de ces lumières et de ces espérances? Le dernier effort de la théologie c'est de faire rentrer le désordre d'ici-bas dans un ordre supérieur, de trouver jusqu'à la place de la douleur et du mal dans le plan divin. N'est-ce point là discerner l'ordre, le discerner dans ce qu'il a de plus profond et de plus mystérieux, et achever l'œuvre commencée par l'esprit philosophique?

CHAPITRE IX.

DIVERS SENS, DIVERS ESPRITS. LEURS RAPPORTS AVEC L'ESPRIT PHILOSOPHIQUE.

Il n'est pas rare, de nos jours, d'entendre dire : un tel possède à un haut degré le *sens critique ;* tel autre est doué du *sens historique,* un troisième du *sens juridique.* Il est vrai qu'on dit aussi bien l'*esprit juridique,* l'*esprit critique :* on dirait l'*esprit historique,* si l'euphonie ou quelque autre obstacle ne s'y opposait. On parle encore, mais avec moins de confiance qu'autrefois, de l'*esprit scientifique.* Les sciences s'étant divisées et subdivisées à l'infini, on voit moins clairement où pourrait être, comment pourrait se maintenir indivisible l'unité de leur esprit. Est-ce le même esprit qui préside à l'analyse des géomètres, comme on disait au XVIIe siècle, et aux savantes recherches qui ont les mollusques ou les crustacés pour objet? Le *calcul infinitésimal* et la *tératologie* supposent-ils, dans ceux qui s'y appliquent, les mêmes facultés et la même nature d'esprit? Il est peu probable.

Et pourtant, si diverses qu'elles soient, ces sciences relèvent toutes de la méthode générale ;

chacune d'elle a de plus sa méthode particulière. Méthode générale et méthodes particulières enseignent l'ordre qu'il faut suivre pour parvenir à la vérité ; elles impliquent l'ordre dans l'esprit, l'ordre dans les procédés, l'ordre dans les choses. Il n'est pas une partie du savoir humain qui n'ait commencé par la *curiosité,* qui ne se développe par la *libre volonté,* qui ne se prémunisse par la *mesure* contre les écarts et les excès. Toutes les sciences, même les plus abstraites, même les plus infimes, ont des jours ouverts sur le premier Principe de toute science et de toute chose. Leur objet commun c'est l'ordre universel qu'elles se sont partagé pour ainsi dire, en y traçant des frontières plus ou moins artificielles. Leurs efforts tendent à le retrouver tel que la Pensée divine l'a conçu, à le discerner par tous les moyens, tous les procédés dont l'esprit humain dispose, et c'est la propre fonction de l'esprit philosophique, — à le deviner quelquefois, par le regard du génie plongeant au plus profond de la nature et de notre âme, et c'est le dernier effort de l'esprit philosophique.

CHAPITRE X.

L'ESPRIT PHILOSOPHIQUE ET LA PAIX DE L'AME.

Vivre en paix avec soi-même et avec l'univers, c'est le vœu des plus nobles âmes, c'est aussi, nous le croyons du moins, un des fruits de l'esprit philosophique. Il ne serait point digne de son nom, s'il n'aidait à établir en nous l'ordre qu'il discerne dans l'univers. Si le savoir n'était suivi du bon vouloir, et la prudence, comme dit Cicéron, du chœur de toutes les vertus [1], la première loi de l'ordre serait violée et l'harmonie de notre âme profondément troublée. Que nous servirait alors de connaître celle des sphères, et, dans le monde matériel, le concours de tous les corps et de toutes les forces ? C'est donc l'esprit philosophique lui-même qui, en vertu de sa nature et de l'ordre parfait qu'il poursuit, enchaîne la pratique du bien à la science et à l'amour du vrai, et sur l'une et l'autre fonde la paix de l'âme, c'est-à-dire le vrai bonheur de l'homme ici-bas.

---

[1] De Officiis, l. I.

CHAPITRE XI.

QUESTIONS ET INDICATIONS.

Dirons-nous d'un homme de bon sens dont le discernement s'applique à propos aux questions les plus simples, mais ne remonte pas aux causes, qu'il est doué d'esprit philosophique? — Évidemment non. Vienne une question difficile ou d'un ordre plus élevé, son tact est en défaut, sa raison déraisonne.

Une culture patiente et bien dirigée, le soin constant de rechercher en tout la cause, le vrai motif, la raison dernière, lui vaudront-elles enfin la possession d'un bien si précieux? — On peut l'espérer, si la nature ne s'y oppose pas.

La nature est donc pour beaucoup dans la formation de l'esprit philosophique? — Elle n'est point tout et ne peut rien sans la culture, c'est-à-dire sans l'expérience et la science, mais la culture ne peut non plus rien sans elle. Il est des esprits mal faits auxquels ces mots *tact, discernement, bon jugement*, ne s'appliqueront jamais sans d'extrêmes réserves.

Doit-on attribuer à l'esprit philosophique la merveilleuse ordonnance d'un poème, l'enchaînement des parties ou des scènes, l'unité et la vérité des caractères, tant d'autres qualités qui dépendent de l'ordre ? — Le discernement des poètes n'est pas, de tout point, celui des hommes ordinaires; il s'y joint un élément nouveau qui diminue leur liberté et accroît leur force, l'*inspiration*. Le vrai poète ne s'appartient pas tout entier, et alors même qu'il sait à fond les règles de son art, qu'il en possède comme Racine, Gœthe ou Corneille, la théorie et tous les secrets, l'art et la théorie le cèdent chez lui à une influence supérieure : il n'est si grand que quand il s'y abandonne. S'il était absolument son maître, il aurait plus d'esprit philosophique peut-être, mais moins de génie. Il n'est pas permis au poète d'être froid, et c'est un écueil que l'esprit philosophique ne saurait toujours lui faire éviter.

Discerner, est-ce choisir ? — Oui, mais au sens d'élire ce qui est, non de préférer ce qui plaît. Ce n'est pas non plus choisir, au sens de quelques éclectiques qui s'efforcent en vain de faire parler à leur guise des textes obscurs, de constituer un tout harmonieux avec des fragments épars et une doctrine vivante avec des opinions cousues bout à bout.

Discerner, est-ce concilier? — Nullement : on ne concilie avec succès que les intérêts et les caractères. La vérité s'impose : nous la découvrons, nous ne la faisons point ; nous cherchons l'ordre, ce n'est pas à nous de le régler. Il n'y aura jamais assez de moyens termes pour rapprocher peu à peu et identifier à la fin le vrai et le faux, ce qui est et ce qui n'est pas. Les vérités vivent dans un parfait accord : il ne s'agit point de les concilier entre elles, mais de nous réconcilier avec elles.

L'esprit philosophique a-t-il des degrés? — Oui, en grand nombre, c'est à nous de les gravir et de monter aussi haut qu'il nous sera possible. Le tort de plusieurs, c'est de s'imaginer qu'où ils sont parvenus là est la fin. Ils ferment les yeux ou refusent de les élever, les voilà au sommet.

A-t-il un idéal ? — Sans aucun doute, mais comme celui de l'orateur, toujours poursuivi, jamais atteint, comme celui de la vertu dont les plus sages ne réalisent qu'une faible partie. Un Socrate chrétien dépasserait Socrate ; l'idéal du Socrate chrétien dépassera à jamais l'un et l'autre.

CHAPITRE XII.

L'ESPRIT PHILOSOPHIQUE ET LE TEMPS PRÉSENT.

Au début, les différentes parties du savoir humain qui n'avaient encore reçu ni leurs limites, ni leurs noms, formaient comme une seule science à laquelle on donna et qui garda longtemps le nom général de philosophie. L'esprit philosophique qui planait sur cette confusion comme l'esprit de Dieu sur les eaux, les sépara peu à peu, établit les distinctions, détermina les frontières, maintint l'unité. Antérieur à la doctrine, il l'a provoquée, et plus tard, suivant la voie qu'elle préférait, contredite ou autorisée. Il a grandi avec la vérité qu'il faisait grandir, et il a reçu d'elle, en échange des services qu'il lui rendait, une connaissance plus parfaite de lui-même.

Aujourd'hui, les sciences se sont multipliées, elles se fractionnent à l'infini : l'abus de l'analyse nous ramène à la confusion des premiers jours.

Nous ne considérons si volontiers que les infimes détails de l'ordre, nous n'en discernons plus les grandes lignes, ses plus belles harmonies nous échappent. N'est-ce point l'heure, ou jamais, de recourir à l'esprit philosophique, de rétablir, grâce à lui, l'unité, la grandeur, la beauté qui vont diminuant tous les jours ? Comme il a débrouillé le chaos, il nous sauvera de la confusion. Comme il a fait sortir la lumière des ténèbres, il dissipera les légères nuées qui nous cachent le soleil.

CHAPITRE XIII.

PLAN D'UN TRAITÉ DE L'ESPRIT PHILOSOPHIQUE.

Un traité de l'esprit philosophique serait une œuvre considérable, qui demanderait beaucoup de temps et de soins : on la pourrait diviser en trois parties.

Dans la première, on étudierait l'esprit philosophique en lui-même, dans sa nature et ses éléments, dans ses rapports avec l'esprit religieux, l'esprit littéraire et l'esprit scientifique, dans les luttes qu'il soutient, pour s'établir ou se maintenir, contre l'esprit d'exclusion et l'esprit sophistique. On pourrait parler alors, mais toujours au point de vue individuel, de son usage, de ses abus possibles, de sa formation, ou, si l'on aime mieux, de son éducation, enfin de ses degrés et de son idéal.

Cette première partie serait de beaucoup la plus importante. La recherche des éléments de l'esprit philosophique, l'étude de chacun d'eux réclament une délicate analyse : elle ne se ferait pas en un jour. Peut-être on découvrirait qu'il implique avant tout, comme nous l'avons dit au premier livre : *la recherche curieuse de la vérité, la mesure, la liberté, l'amour de l'ordre et de son Principe.*

A elle seule la recherche curieuse de la vérité suppose un si grand nombre d'observations et de réflexions qu'elle pourrait donner lieu à une théorie complète de la connaissance. Je ne dis rien des éléments qui suivent celui-là, et dont le nom seul rappelle ou soulève un grand nombre de questions. Traiter de l'esprit d'exclusion, c'est traiter de l'erreur, de ses causes et de ses effets. L'esprit d'exclusion altère ou diminue la philosophie, l'esprit de désordre la supprimerait. Son vrai nom, c'est la Sophistique qu'il faut prendre à sa naissance, décomposer dans son germe, pour en mieux connaître la nature et en triompher plus sûrement.

Dans la seconde partie on suivrait pas à pas, à partir des origines, les développements de l'esprit philosophique ; on demanderait à chaque École un peu importante ce qu'elle a reçu de lui et ce qu'elle en a rejeté ou dédaigné. On découvrirait, si je ne me trompe, que les Écoles les plus fidèles à son inspiration sont aussi celles qui ont duré plus longtemps, que des doctrines et des théories philosophiques il reste uniquement ce qu'il sanctionne, après l'avoir suscité. On oppose sans cesse au passé le présent que demain jugera à son tour comme un passé vieilli ; on refait éternellement la même histoire que chacun interprète à sa guise, ou se borne à teindre des couleurs de son temps et de son esprit. Serait-elle moins vraie, si l'on demandait à l'esprit philosophique de juger, en dernier ressort, ce que chacun de nous juge étroitement, — moins intéressante, si l'on étudiait, dans les écoles et les philosophes les plus célèbres, les luttes qu'a soutenues cet esprit de vie contre l'esprit d'exclusion et de destruction, — moins vaste et moins riche, si à l'exposition un peu monotone des théories qui se répètent sans beaucoup changer, on joignait celle des progrès de cet esprit qui est l'âme même de la philosophie, qui, accepté ou rejeté, fait la grandeur des Écoles ou précipite leur décadence ?

Une troisième partie aurait pour objet l'étude des nations et des siècles où l'esprit philosophique, cessant d'être le bien de quelques rares privilégiés, a pénétré dans les classes supérieures qu'on nomme à bon droit dirigeantes, et exercé par elles une influence décisive sur la marche des idées et des faits, sur le progrès de la civilisation. Plus s'accroît chez un peuple le nombre des intelligences cultivées, plus se développe comme de lui-même l'esprit philosophique. En tout temps, ses progrès dépendent de son étroite union avec l'esprit religieux. Mais si le sentiment du beau, si l'esprit littéraire vient ajouter son charme à la force de cette alliance, c'est le plus complet épanouissement de l'âme humaine. C'est alors qu'on voit naître les grandes pensées, les grands siècles et tous les chefs-d'œuvre.

DEUXIÈME PARTIE

DES CARACTÈRES

DE

L'ESPRIT PHILOSOPHIQUE

I.

LA CULTURE DE L'ESPRIT

Messieurs[1],

Quelques-uns d'entre vous m'ont fait l'honneur de lire mon *Traité de l'Esprit philosophique;* je les en remercie. Ils l'ont trouvé trop concis et d'une brièveté excessive, c'est une table des matières : je partage leur sentiment. Ils m'ont prié de leur donner sur quelques points plus importants des explications nécessaires : j'y consens de grand cœur et commencerai dès aujourd'hui, en suivant l'ordre indiqué au chapitre xi de la Première Partie. Nous parlerons donc, si vous le voulez bien,

---

[1] Messieurs les Membres de l'Académie delphinale.

en premier lieu, de la *culture de l'esprit,* plus tard de la *curiosité d'esprit,* de la *liberté d'esprit* et de la *mesure.*

Qu'est-ce qu'un esprit cultivé? Que faut-il entendre par culture de l'esprit? Ces deux questions n'en font qu'une, et il les faut résoudre ou renoncer à parler de l'esprit philosophique. Il mourrait bientôt, à supposer qu'il pût naître, dans un sol qui n'aurait pas été creusé d'avance et préparé pour le recevoir.

Et d'abord, peut-on cultiver l'esprit sans s'inquiéter du cœur, de la volonté, en un mot de l'âme entière? Pour le prétendre, il faudrait n'avoir jamais regardé au dedans de soi, et n'avoir pas la moindre idée du merveilleux accord des puissances intérieures. L'unité de l'âme est si parfaite qu'elle souffre tout entière, ou qu'elle jouit tout entière du mal ou du bien qu'on fait à une de ses parties. Une suite de cette loi c'est que la culture de l'esprit, si elle est bien dirigée, profite au cœur, et que celui-ci, à son tour, ne peut être purifié ou dilaté, sans qu'il en revienne quelque avantage à l'esprit. Le mieux c'est donc de ne jamais les séparer dans ses préoccupations ; c'est de se répéter à soi-même que la culture de l'esprit n'a pas en vue l'intelligence seule, mais toutes les facultés de l'âme avec lesquelles l'intelligence est associée. Ce principe posé, ces réserves faites, et nous prions qu'on ne les oublie jamais dans le cours de cette analyse, nous entrons dans le vif du sujet.

Les partisans des voies rapides, des moyens en apparence les plus simples, nous demanderont peut-être s'il ne suffit pas d'une seule science, d'une étude unique, pour cultiver l'esprit. Rien n'est moins sensé, rien n'est moins réalisable. Les sciences, en effet, sont liées les unes aux autres par des rapports étroits, et le moyen le plus sûr de les rendre stériles serait de les isoler totalement. Il faut, de plus, distinguer avec soin les sciences qui exercent sur l'esprit une action décisive de celles qui ne concourent à son développement que d'une manière indirecte. Bien loin qu'une seule science de la matière puisse suffire à cultiver l'esprit, toutes ensemble n'y parviendraient pas. Elles ont beau l'enrichir des plus belles connaissances, combler la vie humaine de bienfaits sans nombre, elles n'ont qu'une portée limitée, qu'un domaine restreint ; mais c'est surtout en vain que l'esprit leur demanderait de l'entretenir de lui-même, de le renseigner sur sa nature et ses lois, elles n'ont rien à lui en dire. Même silence de la part des sciences de l'abstrait, les mathématiques par exemple, tout le temps qu'elles restent fidèles à leur rigoureuse définition, et qu'elles se renferment dans leurs limites les plus étroites.

Tout change, il est vrai, si on s'élève jusqu'à leur partie philosophique ; mais la philosophie qui vient alors à leur secours est la science même de l'esprit, la science qui a besoin de toutes les sciences, et dont toutes les sciences, à leur tour, ont besoin pour se couronner. Nous voilà loin de la culture tentée par une science unique de la matière. Il est difficile, en effet, qu'on en joigne deux l'une à l'autre, sans qu'il entre dans cette union un peu de ciment philosophique.

C'est pour la forme, en quelque sorte, que nous avons abordé ce premier point : il ne peut donner lieu à une discussion sérieuse. On est d'accord (quel savant oserait s'inscrire en faux contre une constante expérience) qu'un botaniste s'il n'est que botaniste, un chimiste s'il n'est que chimiste, un géomètre enfin, s'il n'est que géomètre, répond très imparfaitement à l'idéal d'un esprit cultivé.

Toutefois, et pour ne rien omettre, on demande s'il n'est pas, en dehors des sciences, une culture de l'esprit dont on peut dire qu'elle est à la fois exclusive et suffisante ? L'homme religieux, fût-il étranger aux Lettres et aux Sciences, ne reçoit-il pas de la foi et de ses enseignements une culture profonde, sans cesse renouvelée ? Cette culture s'étend d'ailleurs, c'est sa promesse et c'est aussi le témoignage de l'expérience, au cœur, à la volonté, à l'âme entière.

Je l'avoue : s'il est une culture qui s'ajoute utilement à toutes les autres, quand elle ne les précède pas, c'est la culture qui nous vient de la religion; mais elle est loin d'être aussi exclusive, aussi étroitement limitée qu'on l'imagine quelquefois. La religion s'appuie sur la raison et contient une part considérable de philosophie ; elle étudie l'histoire du monde intimement liée à sa propre histoire ; elle fait, dans l'enseignement populaire du dogme et de la morale, dans les cérémonies du culte, une large place au sentiment du beau, à l'éloquence, à la poésie ; elle conseille la méditation et elle impose la prière, deux moyens puissants de rentrer en soi et de se connaître. Elle ne s'en tient pas là : sa conviction est si profonde qu'il est pour l'esprit une autre culture très propre à fortifier et à propager le sentiment religieux, qu'elle a, dès les premiers jours et chez tous les peuples, fondé, doté, multiplié près des églises, les écoles où s'enseignaient les Lettres humaines, qu'elle en a conservé, avec le plus grand soin, les monuments durant la longue nuit des siècles barbares, que depuis le XVIe siècle surtout elle recommande à ses jeunes théologiens l'étude de l'antiquité profane, des chefs-d'œuvre de Rome et d'Athènes. La foi qui suffit au salut n'est pas la foi qui sait se défendre et répondre à toutes les attaques. Elle peut former de belles âmes, capables des plus héroïques vertus ; elle peut même, dans d'heureuses natures, ajouter l'aménité à la fermeté du caractère, disposer à l'urbanité par la charité, mais ce n'est pas là son effet nécessaire et absolument certain.

Allons plus loin : doublons, pour épuiser toutes les hypothèses, un mathématicien par exemple, ou un géomètre, d'un homme religieux. Unissons et fondons en une seule personne les deux caractères : je crains fort que le résultat ne soit pas encore celui que nous avons rêvé. Au lieu de laisser la religion agir sur son âme et la dilater, le mathématicien pourra bien la traiter comme il fait ses formules et ses chiffres : il sera tenté sans cesse de lui appliquer les habitudes de son esprit et jusqu'aux excès de sa logique : en somme nous n'aurons rien gagné. Mais que le savant dont nous parlons ait tant soit peu de Lettres en sus de sa science et de sa foi, les choses vont changer de face.

Permettez-moi, Messieurs, une digression ou plutôt un souvenir. J'ai connu et longtemps fréquenté un savant (pour plusieurs d'entre vous ce n'est pas un étranger), qui était aussi, c'est notre dernière hypothèse, un homme religieux. La science en lui était solide, étendue, la religion éclairée, et essentiellement charitable. Par surcroît, et en vertu d'une inclination naturelle, notre savant aimait les Lettres et relisait avec bonheur, à ses heures de loisir, orateurs, poètes, philosophes, tous les classiques qui avaient nourri et charmé son enfance. Il écrivait, il écrit encore d'un style aisé, avec agrément et non sans esprit. Ces trois cultures avaient fait de lui, en s'ajoutant l'une à l'autre, l'homme le plus aimable, et de la conversation la plus intéressante. Combien de fois n'ai-je pas entendu dire à ceux qui venaient de s'entretenir avec lui : « Voilà une heureuse nature et un esprit cultivé ».

Cet exemple est loin d'être unique : chacun de nous pourrait aisément produire le sien et le joindre aux réflexions qui précèdent. Réflexions et exemples ne nous donnent-ils pas, dès maintenant, le droit d'énoncer les propositions suivantes :

— La culture de l'esprit n'est jamais l'œuvre d'une science unique, cette science fût-elle parfaitement étudiée et possédée, encore moins d'une science de la matière.

— L'esprit ne saurait être cultivé par une science qui ne le connaît point et ne lui dit rien de lui-même.

— La religion, de même qu'elle ajoute ses vérités propres aux vérités de l'ordre naturel, la religion ne renonce pas à préparer la culture profonde qu'elle donne à l'âme et, au besoin, elle ne se refuse pas à l'orner par la culture qui vient des Lettres humaines.

Ces propositions résument l'expérience de tous les jours, ce n'est pas le raisonnement, c'est l'observation qui les a dictées : chacun de nous peut s'assurer par lui-même de leur rigoureuse exactitude. Mais d'où vient aux Lettres ce droit supérieur, cette part principale dans la culture de l'esprit? L'ont-elles toujours eue? S'est-elle accrue avec le temps, dans la proportion où se sont multipliés les chefs-d'œuvre? Entre les différentes littératures, anciennes ou modernes, lesquelles contribuent davantage à la culture de l'esprit? Comment, avec quelles précautions, convient-il de les étudier? Quelle méthode faut-il suivre? La plupart de ces questions ont été traitées et résolues dans des livres excellents. Si nous y revenons aujourd'hui, ce n'est pas pour fortifier les conclusions anciennes, encore moins pour en proposer qui les contrediraient : c'est dans le seul dessein de faire voir à quel point, de nos jours plus que jamais, une première et générale culture est indispensable pour hâter l'éclosion et assurer les progrès de l'esprit philosophique.

Ce premier rang qu'on leur accorde assez généralement, les Lettres le devraient-elles au soin qu'elles prennent de rendre le discernement du goût plus sûr et plus fin, le sentiment du beau plus vif et plus délicat ? Mais le goût, qualité si justement enviée, n'implique pas toujours, dans la pratique de la vie, la rectitude du jugement, un des résultats les plus précieux de la culture de l'esprit. Quant au sentiment du Beau, les Lettres ne sont pas seules à le développer, les Arts y peuvent aussi quelque chose. Ils ont leur place, et nul ne la leur refuse, dans la culture de l'esprit ; ils y représentent le superflu que doit précéder la possession du nécessaire. Si habiles qu'ils soient dans l'art dont ils font leurs délices, les artistes n'obtiendront jamais de lui ce qu'il ne saurait leur donner, je veux dire une culture complète de l'esprit. Seraient-ils des maîtres incomparables dans cet art uniquement cultivé, il ne suffira pas à leur révéler tous les secrets du Beau. Ils ne connaîtront, ils ne sentiront parfaitement qu'une forme particulière de la beauté : tous les autres pourront leur demeurer à jamais étrangères. Le musicien s'il n'est que musicien, le peintre s'il n'est que peintre, se trouvent dans une situation analogue à celle du chimiste et du géomètre dont nous parlions tout à l'heure, avec cette différence toutefois que l'amour du beau et des belles œuvres exerce sur l'âme entière une action bienfaisante à laquelle celle qui vient des sciences ne saurait être comparée.

Qu'en conclure par rapport aux Lettres ? Que

si elles ont leur champ particulier et leurs initiations réservées dans le domaine du Beau, à plus forte raison dans celui du goût, la culture profonde qu'elles donnent à l'esprit vient pourtant d'ailleurs. Et d'où viendrait-elle, sinon de la vérité qui est leur objet propre, des pensées entre lesquelles la vérité se partage, de la science de l'âme humaine, source inépuisable de vérités et de pensées. Elles ne sont point les Lettres, mais un amusement frivole, souvent même un jeu plein de périls, si elles ne vont pas jusque-là. Si elles s'arrêtent en deçà de la pensée ou si elles ne font qu'y toucher, si elles se désintéressent de toute philosophie, même de la moins abstraite, celle des Socratiques, elles pourront former des littérateurs, au sens vague et peu élevé de ce mot, en réalité elles n'auront donné à l'esprit qu'une médiocre culture. Le monde est plein de lettrés qui ont tout effleuré et rien creusé, qui peuvent parler de tout et ne savent rien à fond, qui ont lu tous les livres et n'ont jamais regardé en eux-mêmes, qui se flattent de posséder un goût délicat et font souvent preuve d'un détestable jugement. Les vrais lettrés sont ceux qui nourrissent d'abord leur esprit de pensées solides, de vérités sur l'âme humaine et sur Dieu : le reste leur est donné par surcroît. Ces vérités, en effet, ne se trouvent pas dans tous les livres, mais seulement dans les meilleurs, dans ceux où les qualités du style correspondent à autant de qualités de l'esprit. On ne leur demandait que la vérité, et ils donnent de plus la beauté : on cherchait, avec leur secours, à rendre son jugement plus droit, et voici qu'ils communiquent, là où s'y prête une heureuse nature, la finesse et la délicatesse du goût.

Une objection se présente qui, loin de ralentir notre marche, nous conduit droit au terme de nos recherches. Comment se fait-il, en effet, que, dans une telle abondance de maîtres et de livres, le nombre des esprits cultivés soit encore si peu considérable ? Les écoles publiques sont de plus en plus fréquentées : on réédite, on met à la portée de tous, les chefs-d'œuvre de notre littérature classique ; les comparaisons indispensables à la culture de l'esprit deviennent de plus en plus faciles entre les écrivains du grand siècle, par exemple, et ceux de l'époque présente ; et l'on ne voit pas, malgré tous ces secours, que les esprits nourris d'un bon suc, à la fois justes et étendus, deviennent plus nombreux : peut-être même le sont-ils moins qu'autrefois. Et pourtant les langues vivantes, plus communément et plus méthodiquement étudiées, ont accru nos trésors et multiplient chaque jour les termes de comparaison. Leurs littératures infiniment variées sont venues s'ajouter à notre littérature classique déjà vieille de deux siècles.

Expliquez-nous ce phénomène inexplicable d'une culture si puissamment aidée et, en apparence du moins, si peu féconde.

La réponse sera l'apologie par les faits eux-mêmes des langues qui, toutes mortes qu'elles sont et qu'on les nomme, n'en possèdent pas moins le privilège de communiquer la vie véritable. Sans leur secours, ni l'étude des écrivains du XVII° siècle, ni celle des littératures modernes ne sauraient porter tous leurs fruits. On réussirait à s'assimiler, dans la mesure où des étrangers en sont capables, deux ou trois langues vivantes, l'anglais et l'allemand par exemple, que ce travail si digne d'ailleurs d'être encouragé, et si utile pour certaines fins secondaires, ne remplacerait pas, pour la fin supérieure qui nous occupe, l'étude des langues mortes, du grec et du latin, pour les appeler par leur nom.

Le XVII° siècle, dont l'étude attentive et prolongée pourrait, on l'assure, remplacer tout le reste, est à la fois original et imitateur ; ses pensées lui appartiennent, et pourtant elles se rattachent par mille liens apparents ou cachés aux pensées des plus beaux génies d'Athènes et de Rome ; elles plongent dans l'antiquité et s'en nourrissent par un nombre infini de racines infiniment déliées. Pour le bien comprendre, il faut lier d'abord connaissance avec les glorieux ancêtres dont il a recueilli l'héritage. Pour l'entendre et le goûter, il faut savoir d'où il vient, comment il s'est formé, de quels trésors accumulés par les siècles il a fait un trésor qui est bien à lui. On peut étudier longtemps, sérieusement, Bossuet, Fénelon, Pascal, La Bruyère, et ne les comprendre, à moins d'une divination et d'une pénétration peu communes, que très imparfaitement. S'il est vrai que le même lecteur ne lit pas deux fois la même page, à plus forte raison dans cette page, d'une richesse qui se livre peu à peu et garde toujours quelque chose, on lira d'autant mieux qu'on aura été préparé à bien lire par l'étude de l'antiquité. Faites commenter Bossuet par le meilleur élève d'une classe de français et par un latiniste de force moyenne, et vous serez surpris de la distance qui les sépare. Combien de fois n'ai-je pas entendu des hommes, d'ailleurs fort intelligents, déplorer, dans leur âge mûr, les circonstances fâcheuses qui les avaient de bonne heure emprisonnés dans l'étude de la langue maternelle. Ils avaient le sentiment profond et le vif regret d'une infériorité que les plus habiles artifices ne sauraient dérober longtemps à un observateur attentif. Une heure seulement de conversation nous livrera leur secret, s'ils le cachent. Un mot pris à contre sens, une lacune impardonnable, il n'en faut pas davantage pour les trahir.

Quant aux langues vivantes, c'est autre chose, tout le monde en conviendra, de les apprendre, comme il arrive le plus souvent pour l'usage et le commerce, autre chose d'en pénétrer le génie et d'en étudier les chefs-d'œuvre. Eût-on réussi dans cette difficile entreprise, eût-on acquis le discernement rapide et sûr de ces délicates beautés qui se dérobent si facilement aux regards de l'étranger, ces louables efforts ne nous auraient encore ouvert qu'un monde assez semblable au nôtre, un monde dont les pensées sont souvent conformes, toujours parallèles à nos pensées. La différence consiste surtout dans une chose qu'il est difficile de s'approprier, et qui sert peu à la culture générale de l'esprit; je veux dire ces fines et parfois insaisissables nuances, idiotismes, alliances de mots, façons de parler spéciales à chaque langue, à chaque nation. Les rares privilégiés qui peuvent se flatter, sans mentir à eux-mêmes et à autrui, de posséder parfaitement la langue et la littérature de deux ou trois peuples modernes, y puiseront sans doute de grandes ressources pour la culture de l'esprit; il leur manquera toutefois, s'ils ignorent l'antiquité, s'ils n'ont pas eu commerce intime et direct avec ses grands Maîtres, ce que nous ne craignons pas de nommer l'élément essentiel de toute culture profonde.

Qui d'entre nous ne se rappelle le rude labeur

de la version latine[1], surtout dans les classes de
rhétorique et de seconde où cet exercice a été
préparé par d'autres exercices savamment gra-
dués, et où les textes à traduire sont empruntés
aux écrivains de premier ordre. Les uns nomme-
ront douces, les autres qualifieront d'épithètes bien
différentes les heures qu'on y employait : pour
tous elles étaient rapides. Quelle tâche difficile,
ou plutôt quelle lutte d'une issue parfois douteuse,
d'un profit toujours certain ! C'était bien un esprit
aux prises avec un autre esprit, un âge de la civilisation avec un âge tout différent. Que d'efforts
prodigués dont chacun remuait, creusait, cultivait
l'esprit dans tous les sens, pour entrer dans cette
pensée qui d'abord se ferme ou s'entr'ouvre à
peine, pour la suivre dans ses détours, pour la
discerner dans ses nuances, pour la saisir dans ses
délicatesses, pour la pénétrer dans sa profondeur,
pour faire cadrer ensemble deux intelligences,
deux âmes, deux civilisations, deux génies, deux
langues, l'antiquité et le monde moderne ! Combien d'anneaux brisés à rétablir par le pouvoir de
la logique ou par celui de l'imagination ! Combien

---

[1] La version latine a été, durant de longues années, la
seule épreuve écrite du baccalauréat ; les études n'étaient
pas alors moins fortes qu'aujourd'hui, ni la valeur des
candidats moins bien appréciée.

de pensées intermédiaires à replacer entre cette pensée conçue il y a deux mille ans et la nôtre qui en descend en droite ligne, mais qui ne sait pas tous ses ancêtres! Rien n'est fécond comme ce travail, quand il a été précédé de fortes études grammaticales et des exercices qui les accompagnent. En apparence il ne crée rien, il n'invente rien ; en réalité il est la source de toutes les créations, de toutes les inventions.

La véritable originalité ne consiste pas à exclure de nos pensées tout élément qui ne viendrait pas de notre fond, — ce serait se condamner à la stérilité ou à l'extravagance, — elle consiste bien plutôt à marquer du cachet de notre esprit les idées et les pensées dont tant de beaux génies ont enrichi le trésor commun. La première condition pour y ajouter soi-même quelque chose, c'est d'en avoir fait de son mieux l'inventaire. Si l'humanité est comme un seul homme qui grandit lentement et apprend tous les jours quelque chose, l'esprit le mieux cultivé n'est-il pas celui qui se possède en quelque sorte tout entier, à partir de ses origines, qui sait d'où il vient et quelles voies a suivies sa pensée pour parvenir au point où elle est aujourd'hui? Aux littératures modernes les plus riches manquera toujours, pour la culture de l'esprit, cet élément indispensable qu'on pourrait nommer l'élément de continuité, de perpétuité, et sans lequel il n'est point de comparaison vraiment féconde.

S'il est vrai, comme nous l'avons dit au début, que la culture de l'esprit se fait surtout par la science de l'esprit, on avouera qu'à ce point de vue encore l'antiquité est une maîtresse incomparable. Nous n'avons dessein ni de soutenir une thèse, ni de comparer, pour décerner des couronnes qu'il serait plus juste de partager, des littératures dont chacune a des droits particuliers à notre reconnaissance. Il faut bien convenir toutefois que l'étude de l'âme humaine (elle était alors la seule chose qu'on pût bien connaître) n'a été poussée aussi loin, n'a porté autant de fruits et aussi précieux que dans ce premier moment de la pensée. Si la science de ses rapports avec Dieu, si la science de Dieu lui-même sont l'éternel honneur des siècles chrétiens, si l'âge moderne, grâce à tant de secours et d'expériences dont il dispose, a pénétré plus avant dans les secrets du monde physique, ceux du monde moral, du monde de l'âme nous ont été, à peu d'exceptions près, dévoilés par la patiente observation, par l'heureuse sagacité des Anciens. Aucune étude chez eux ne dispense de celle-là, surtout à l'âge d'or de leur littérature. Qu'on soit orateur, philosophe, poète, historien, c'est de l'âme humaine qu'on se préoccupe avant tout; c'est l'homme qu'on met en scène, c'est lui qu'on dépeint avec ses aspirations, ses pensées, ses passions, ses luttes intérieures. On ne le perd jamais de vue, et comme on ne craint pas d'épuiser la matière, on ne cesse pas non plus de la traiter.

Les historiens, — bornons-nous à cet unique exemple, — ne sont guère moins riches sous ce rapport que les philosophes eux-mêmes. Les discours dont ils entremêlent leurs récits et dont on a, je ne sais pourquoi, dit tant de mal, pourraient se défendre par cette seule considération qu'ils sont une école de politique et de psychologie, dans le sens le plus exact de ces deux mots, la science de gouverner les hommes étant inséparable de celle qui apprend à les connaître. Les travaux de nos érudits fouillant ou ressuscitant le passé, leurs savantes dissertations, les thèses habilement ou éloquemment soutenues par nos historiens ont un mérite que personne ne conteste. Avouons-le toutefois : ce n'est plus l'homme qui est au premier plan de ces histoires si dignes d'ailleurs des éloges qu'on ne leur ménage pas. Les recherches minutieuses, les détails infinis, les débats contradictoires leur ont nui grandement, et s'ils ont porté la lumière dans les faits, ils ont diminué celle qui éclairait d'un jour si vif le jeu de ses passions et la nature de son esprit. L'unité de l'histoire n'est plus aujourd'hui dans l'âme humaine, elle est ailleurs, à supposer qu'elle soit encore quelque part.

A ceux qui, d'accord avec nous sur le principe, demanderaient qu'on distinguât toutefois entre la source grecque et la source latine, qu'on leur permît de puiser à la seconde, de négliger la première, nous répondrons qu'ils sont libres d'accroître ou de diminuer, suivant les loisirs dont ils disposent, suivant l'âge et les circonstances, les éléments de leur culture. Il n'est pas nécessaire qu'on soit allé jusqu'aux dernières limites du monde ancien; l'essentiel c'est qu'on y ait pénétré, c'est qu'on soit entré dans son esprit, dans ses sentiments, dans sa manière de penser et d'exprimer sa pensée.

Comme il y a des degrés dans l'esprit philosophique largement développé chez les uns, à peine ébauché chez les autres, ainsi doit-il s'en trouver dans la culture générale qui lui permet de naître et de grandir en nous. N'oublions pas toutefois que la littérature grecque mérite doublement le titre d'école : elle l'est pour la connaissance du vrai, elle l'est pour l'amour et la science du beau. Celui de tous les écrivains allemands que les Français comprennent le mieux et lisent le plus volontiers, aimait à s'entourer des chefs-d'œuvre des arts. Leur vue ranimait en lui le sentiment du beau que les vulgaires occupations de la vie émoussent aisément. Pour ceux qu'une fortune médiocre et la nudité d'une ville de province priveraient d'une si noble compagnie, il est un remède assuré contre les langueurs qui savent atteindre jusqu'aux âmes les mieux éprises. Qu'ils aient toujours sous la main, s'ils savent le grec et s'ils peuvent le lire couramment, un chant d'Homère, quelques dialogues choisis de Platon, deux ou trois discours de Démosthènes, de Saint-Basile et de Saint-Jean-Chrysostôme. Une lecture de quelques pages faite avec le recueillement que méritent ces chefs-d'œuvre, souvent même quelques lignes suffiront à ranimer en eux la flamme près de s'éteindre. Quels chefs-d'œuvre des arts, statues ou tableaux, ne pâliraient auprès de cet art divin où la langue *aux douceurs souveraines*,[1] comme parle Chénier, met au service des plus nobles sentiments, des plus hautes pensées, son harmonie, sa simplicité, sa richesse, sa perfection ! C'est tout ce que nous voulons dire en faveur d'une étude menacée. La langue de Cicéron, de Virgile et de Tacite, la langue du droit et de l'érudition, et, pour combler ses bienfaits, la langue de l'Église, n'a pas besoin qu'on la défende.

Gardons-nous d'ailleurs de l'oublier : la pensée d'Athènes et de Rome n'est pas la seule qui soit

---

[1] Ce langage sonore, aux douceurs souveraines,
Le plus beau qui soit né sur les lèvres humaines.

venue jusqu'à nous, la seule qui puisse cultiver notre esprit et servir d'aliment à nos propres pensées. Il en est une autre, libre de tout alliage, divinement inspirée dans son expression première et plus tard commentée avec profondeur, exposée avec éloquence. Qui sépare ces deux courants diminue (à ne considérer même que l'ordre naturel) les ressources de son esprit et de sa pensée. Qui les unit, et rien n'est mieux dans l'ordre que cette union, toute vérité et toute beauté ayant Dieu pour principe, les multiplie au contraire au delà de ce qu'on saurait dire. Nous renvoyons ceux qui en douteraient aux premières années de nos plus grands écrivains et à leurs premières études. Assurément ces précieux apports ne remplacent pas le génie, surtout ils ne le créent point ; et pourtant, sans ces trésors du passé, le génie le plus beau manquerait d'un appui nécessaire. Nous n'avons ni le droit, ni le pouvoir de recommencer la pensée humaine ; il nous faut apprendre d'où elle vient, par où elle a passé, pour bien comprendre où elle est à l'heure présente, et pour la conduire, Dieu aidant, un peu plus loin. La pensée, ainsi le veut sa nature, engendre la pensée : elle cultive l'esprit et elle le rend fécond.

Résumons, comme nous l'avons fait tout à l'heure, en quelques propositions, les réflexions qui précèdent :

On s'explique aisément la part considérable accordée aux Lettres dans la culture de l'esprit :

Elles l'entretiennent de lui-même ;

Elles le nourrissent de pensées ;

Elles lui font connaître la nature de l'homme et l'histoire de l'humanité ;

Elles développent en lui le sentiment du Beau et celui du Bien.

L'étude des littératures modernes, celle de notre littérature classique contribuent, pour une part, à ce résultat: l'étude des Anciens fait le reste, c'est-à-dire le principal.

Nos pensées, les langues qui les expriment ont leurs racines dans l'antiquité : ignorer celle-ci c'est, en un sens, s'ignorer soi-même. Nos contemporains nous ressemblent trop ; pour nous bien connaître, c'est trop peu de nous comparer à eux, il faut nous comparer aux Anciens, mettre en regard de nos pensées, de notre langue, de notre civilisation, leurs pensées, leur littérature, leur civilisation.

Après cette première et générale culture dont nous venons de résumer les principes, l'esprit philosophique peut paraître : le sol est prêt pour le recevoir.

II.

LA CURIOSITÉ D'ESPRIT

MESSIEURS,

C'est l'heure, ou jamais, de vous parler de la curiosité d'esprit (nous en avons fait, vous vous le rappelez sans doute, la condition indispensable, le premier élément de l'esprit philosophique), quand la France et sa capitale, à leur suite les représentants de toutes les nations nous offrent le plus surprenant spectacle de curiosité, non pas locale ou nationale, mais universelle, dont l'histoire fasse mention. Il a fallu qu'à l'extrême fécondité des arts dans plusieurs pays de l'Europe, aux progrès de l'industrie et des grandes découvertes se soient joints les moyens de transport les plus rapides, pour qu'un tel spectacle pût être donné et pour qu'il le fût avec un tel succès. C'est plus qu'un *drame aux cent actes divers,* ce sont mille et mille aspects dont pas un ne ressemble à l'autre, et dont un seul suffirait souvent à captiver, durant de longues heures, l'attention d'un homme intelligent. Aussi dans ce spectacle unique, et dont livres, journaux, visiteurs parlent comme si tous avaient vu exactement la même chose, la curiosité de l'esprit humain a trouvé les satisfactions les plus diverses, les plus vulgaires comme les plus élevées, les plus éphémères comme les plus durables. Permettez-moi, Messieurs, de faire en esprit et par le souvenir une dernière visite à cette Exposition désormais fameuse, et d'y considérer, en votre compagnie, moins les choses offertes à notre admiration que les hommes venus pour les admirer.

Ceux qui ont semé çà et là, sur l'Esplanade des Invalides et au Champ de Mars, tant d'ingénieux divertissements variés et disposés pour le plaisir des yeux, avaient-ils, à la suite de nos maîtres contemporains, fait de la psychologie une étude spéciale, nous n'oserions l'affirmer. Du moins ils n'ignoraient pas qu'il y a chez tous les hommes, j'en excepte à peine les plus savants et les plus lettrés, comme un insatiable désir de voir du nouveau, de l'inconnu, de se récréer en présence de quelque spectacle original, bizarre même, auquel ni les yeux, ni l'esprit ne sont préparés, et qui rompt avec la monotonie de leurs satisfactions ordinaires. Un peu de bruit et de tam-tam s'y ajouterait, avec les accords d'une musique plus ou moins barbare, que l'effet n'en serait que plus sûr, et l'oubli plus profond de soi-même, condition première de tout vrai plaisir pour le commun des hommes. Je n'oserais compter ceux dont la curiosité a été pleinement satisfaite par ces spectacles qui, pour la curiosité des autres, ne sont guère qu'un avant-goût et un faible à-compte : pour sûr ils sont très nombreux. C'est pour eux que la rue du Caire a été construite, que Latude s'évade deux fois par jour de La Bastille, et que les fontaines lumineuses, quelquefois la Tour Eiffel, s'enflamment à la chute du jour : jamais leurs yeux ne sont rassasiés de voir et de jouir.

D'autres passent rapidement devant les grottes de pierre et les misérables demeures accordées à nos ancêtres par le génie inventif, mais peu libéral de leurs descendants, devant les chalets, les maisons, les palais, les vitrines, les tableaux, les statues, les machines. Ils veulent que les sensations les plus variées les effleurent, non qu'elles les absorbent ; ils aiment à passer d'une impression à une impression différente, sans qu'aucune d'elles ait droit de les dominer : on dirait qu'ils ont peur d'aller jusqu'au bout de leurs sentiments et de leurs pensées. Leur curiosité a plus de surface que de fond ; c'est la *curiosité en courant,* elle est toute en coups-d'œil rapides, jamais en étude attentive, encore moins en contemplation : ils traversent, ils parcourent, ils ne s'arrêtent pas.

Le grand, l'unique souci de quelques visiteurs troublés, inquiets, agités, c'est qu'ils n'aient pas tout vu; c'est que dans tel ou tel recoin bien obscur une chose de médiocre importance, mais peu commune, leur ait échappé, alors que d'autres plus heureux ou mieux renseignés ont su la découvrir; c'est qu'on puisse leur dire un jour, dans leur ville natale, devant leurs parents et leurs amis : « Quoi ! vous avez, dites-vous, parcouru l'Exposition dans tous les sens, durant un grand nombre de jours, et vous n'avez pas aperçu, au carrefour de ces trois voies, ce qui saute aux yeux, ce que nous avons admiré plusieurs fois, à notre loisir. » Quelle confusion ! Quels regrets ! Est-ce donc là le prix de tant d'efforts et d'une curiosité aussi laborieuse... je me permets d'ajouter aussi stérile. Au moins ceux qui sont venus là, comme à la foire, pour s'ébattre et pour s'extasier, ont été payés de leur démarche par un plaisir vivement senti, si peu relevé qu'il fût : l'inquiète curiosité des autres n'a rapporté que des satisfactions incomplètes et des blessures d'amour-propre que le temps seul pourra guérir.

N'oublions pas, dans ce concours de toutes les curiosités, bien que nous n'ayons pas la prétention de les décrire exactement et de n'en omettre aucune, ceux qui ont été conduits à l'Exposition par leur curiosité d'inventeurs ou de producteurs, en quête des perfectionnements qu'ils pourraient, en les modifiant un peu, faire tourner à leur profit. C'est la curiosité utile, intéressée, celle que l'éclat faux ou vrai n'attire guère, ne séduit point, qui va droit au solide, à ce qui rapporte. Ses représentants appartiennent à tous les pays ; on ne les voit pas courir çà et là, passer d'un objet à un autre objet, en obéissant au seul caprice ; ils reviennent sans cesse au même point, dans la même galerie où l'on pourrait croire qu'ils ont élu domicile, tant ils lui sont fidèles. Ils observent, ils comparent, ils discutent, ils prennent des notes, et c'est à peine si, leur curiosité d'industriels ou de mécaniciens enfin satisfaite, ils donnent quelques instants à cette curiosité vagabonde et bruyante qui est la joie du plus grand nombre.

Un degré de plus, moins d'intérêt personnel, un peu d'élévation dans la pensée, et nous arrivons à cette forme de la curiosité où commence à paraître, avec la recherche des causes, l'esprit philosophique. C'est ainsi qu'à l'heure où la multitude est toute au plaisir de voir briller, dans une harmonie et une diversité singulières, les couleurs des fontaines lumineuses, quelques privilégiés pénètrent dans l'étroite cabine où l'habile mécanicien produit de loin et combine tous ces mouvements ; ils s'efforcent de découvrir ses secrets, de parvenir jusqu'au principe. D'autres refont par la pensée, très imparfaitement sans doute, quelques-uns des calculs sur lesquels la Tour Eiffel repose plus solidement que sur ses assises de pierre, ou bien ils se demandent le parti qu'on pourra tirer d'elle pour les progrès futurs de la mécanique et de l'astronomie. Quelques-uns enfin, admirateurs intelligents des machines qui ont aidé et quelquefois remplacé le travail de l'homme, remontent des effets qui se produisent sous leurs yeux aux lois invisibles de la force et du mouvement. Peut-être même animés du véritable esprit philosophique, ils vont jusqu'à comparer, en des réflexions rapides, ces forces du monde physique aux forces du monde moral. Ils se demandent si leur origine ne serait point la même, d'où viennent leurs ressemblances et ce qui fait leur irréductible différence.

Mais c'est surtout dans le palais des Beaux-Arts qu'on peut étudier à l'aise les mille nuances de la curiosité, car si l'entrée en est ouverte à tous, tous sont loin d'y apporter les mêmes dispositions et la même culture. Où ceux-ci ne voient que le dehors des choses, ceux-là pénètrent plus avant ;

un petit nombre d'élus s'avancent seuls jusqu'au sanctuaire. Pour les premiers, les tableaux des plus grands maîtres, avec leurs personnages, leur coloris plus ou moins brillant, sont un spectacle comme un autre, moins animé, assez varié, souvent inintelligible. On l'interprète avec le peu qu'on sait de mythologie ou d'histoire ; on en donne à ses amis, à ses voisins, les explications les plus inattendues, ou bien on se rabat sur tel détail qui intéresse et qu'on croit bien comprendre. On critique à tort et à travers, et l'on va bientôt chercher ailleurs des spectacles plus amusants et qui n'exigent aucun effort d'attention.

A côté de ces curieux assez semblables à ceux qui n'admirent d'un livre que la reliure élégante ou la belle impression, à côté de ceux qui parcourent haut et bas, salles et galeries, pour avoir, comme ils aiment à s'exprimer, *une idée de tout*, à une infinie distance de ces *vendeurs du temple*, uniquement curieux du prix marchand, estimant en francs, marcs ou dollars, le prix des plus belles œuvres, apparaissent enfin les vrais amants de l'art, ceux dont les préférences se sont fixées, par une sorte d'intuition soudaine ou après de minutieuses comparaisons, sur une École, quelquefois même sur un seul tableau. Nous aurions trop à faire de descendre dans leur âme et d'y suivre à la trace tant de sentiments et de pensées qui s'y entrecroisent. Voyons-les plutôt absorbés et comme transportés hors d'eux-mêmes par une divine contemplation, parvenus enfin à ce point où la beauté qu'on voit a doucement élevé l'âme jusqu'à la beauté qu'on ne voit point, où c'est le Beau qui se découvre à travers l'œuvre belle. Assurément c'est ici, dans l'ordre des arts, la forme de curiosité la moins commune, la plus noble, la plus pénétrée d'esprit philosophique.

Mais celui-ci est ailleurs encore; il est associé, pour une grande ou pour une faible part, à toutes les curiosités, dès qu'elles s'élèvent au-dessus du simple plaisir des sens, des satisfactions de l'oreille ou des yeux. Ceux qui se demandent si cette Exposition pourra jamais être dépassée, quand elle le sera, à l'aide de quels attraits nouveaux, dans quelles circonstances elle pourrait bien renaître, tiennent compte assurément, dans leurs prévisions lointaines, de la fragilité de la fortune, de l'inconstance des choses humaines, des périodes obscures succédant aux jours de gloire, et ils n'en parlent pas autrement que les philosophes de profession. A leur tour les amis du vrai progrès, — je ne parle pas de ceux qui ont sans cesse le mot à la bouche, et ne savent rien de la chose, — se demandent dans quelle mesure l'Exposition aura servi ses intérêts, et s'ils sont très rassurés au point de vue des œuvres matérielles, ils témoignent moins de confiance à l'égard de celles qui intéressent l'âme et sa destinée. La Morale, elle aussi, la sévère morale, a ses curieux de l'avenir, ses défenseurs attitrés ou non, qu'un peu d'humeur chagrine conduit parfois à des exagérations déraisonnables, qu'un peu d'esprit philosophique retient au contraire dans la mesure et dans la vérité. Ils seraient curieux, disent-ils, de savoir exactement ce que les bonnes mœurs, l'antique simplicité, l'amour du foyer gagneront à ce spectacle éblouissant de toutes les frivolités, de toutes les futilités confondues pêle-mêle avec ce qu'il y a de plus utile et de vraiment beau, du luxe partout étalé et poussé jusqu'aux derniers excès. Ces multitudes venues du fond de nos campagnes, ces paysans, ces demi-bourgeois rentreront-ils chez eux comme ils en étaient partis, le cœur aussi content, l'âme aussi libre de désirs, d'aspirations vers toutes les vanités ? La société déjà si mobile ne verra-t-elle pas s'accroître, à la suite de ces grands déplacements, les dispositions funestes à l'inconstance et au changement ? Nos moralistes improvisés font à toutes ces questions que pose leur curiosité justement inquiète les réponses qu'ils peuvent : elles ne sont pas toutes également rassurantes.

Il est enfin des curieux trop exigeants peut-être, mais non dépourvus d'esprit philosophique, qui s'étonnent de n'avoir pas découvert dans leurs inutiles recherches à travers ces vastes espaces que remplissent les œuvres et que couronne la statue du Génie humain, un monument, un signe, tout au moins, — il en est de si simples et de si éloquents, — qui rappelât aux visiteurs oublieux les rapports étroits de l'esprit humain avec le Père de tous les esprits. « Celui-là seul, disent-ils, n'a pas une place, pas même un souvenir dans cette Exposition universelle, qui est à la fois le créateur de l'esprit humain et le créateur de la matière. L'ouvrier voudrait donc pour lui seul la gloire de l'œuvre entière, lui qui ne s'est donné ni sa main, ni sa raison, ni sa liberté, ni son génie, ni la matière de son travail, ni l'idée intérieure qui le dirige, ni l'Idéal qui l'inspire ! » Ils regrettent que dans le surprenant silence de tous nos Français, il ait fallu qu'un étranger, Édison, vînt dire enfin tout haut[1] ce que la plupart des visiteurs pensaient tout bas, et que s'élevant au-dessus des préjugés, et surtout des honteuses réticences, il proclamât sur cette tour, chef-d'œuvre de l'audace et du génie de l'homme, que *le bon Dieu est encore le plus grand des ingénieurs*.

De regrets en espérances, de pensées en pensées, ils en viennent peu à peu ces méditatifs per-

---

[1] Au banquet des Ingénieurs.

dus dans une foule dont la curiosité ne sait rien
de leur curiosité, à oublier tout ce qui les entoure,
à ne plus rien voir des choses que tout à l'heure ils
aimaient à regarder. Comme le tableau dont nous
parlions n'est plus, à la fin, pour l'amateur ravi,
qu'un voile transparent à travers lequel c'est le
Beau lui-même qui se manifeste à lui, ainsi l'Exposition tout entière, avec ses merveilles, n'est plus
qu'un prétexte et un point d'appui pour s'élever
jusqu'à Dieu. Elle s'efface peu à peu, elle est bien
près de disparaître dans la pensée du philosophe
qui entrevoit déjà d'autres splendeurs. Elle était,
il n'y a qu'un instant, le tout de son esprit ; elle
n'est plus maintenant qu'une ombre indécise et
bientôt comme un néant, en présence de l'Infini.
La tour aux orgueilleuses hauteurs ne lui paraît
plus que comme le premier degré de l'échelle
mystérieuse par laquelle on gravit jusqu'au monde
divin. De tous les services, — il est loin de les
nier, — que l'Exposition universelle de 1889 aura
rendus à ce curieux des choses de l'âme, le plus
signalé c'est de lui avoir fait lire plus distinctement, dans les œuvres ainsi rassemblées du génie
de l'homme, le nom glorieux et les attributs infinis
du Dieu créateur.

La Curiosité n'est pas, dans le monde entier,
différente de ce qu'on la voit dans les limites de
l'Exposition. En dépeignant à grands traits ceux

qui l'ont visitée nous avons dépeint tous les hommes : même diversité, mêmes degrés, mêmes nuances, et pour ces directions si variées, pour la curiosité des sens, pour celle de l'imagination, pour celle de l'esprit, un point de départ unique, une racine commune au plus profond de notre âme : la soif de savoir. Nous sommes nés avec le pouvoir de penser, avec le désir de connaître, avec la légitime ambition de reculer de plus en plus les bornes de notre ignorance. Notre raison n'est pas, comme on l'imagine à tort, faite uniquement de principes et de pensées à l'état de germes. A ces pensées, à ces principes correspondent, par un dessein providentiel, des aspirations sans lesquelles ils se dessécheraient et finiraient par mourir. Au premier rang de ces aspirations fécondes se place le désir sans cesse renaissant de connaître ce monde qui nous entoure et nous inquiète, de résoudre les problèmes qu'il soulève ; son nom tour à tour vulgaire, magnifique, superficiel, profond, entendu des uns, mal compris des autres, c'est la Curiosité. Les uns l'abaissent, les autres l'élèvent ; ceux-ci l'appliquent aux choses les plus futiles, ceux-là aux objets les plus sérieux : peu importe, on ne parvient pas, quoi qu'on fasse, à changer sa nature et, à travers toutes les déviations, toutes les dégradations, la curiosité demeure au fond de notre âme, la passion de la vérité.

Il s'en faut d'ailleurs du tout au tout que ces formes si différentes de la curiosité soient un obstacle à sa conquête ; chacune d'elles au contraire y contribue pour sa part. C'est ici surtout que le proverbe se justifie : *on a souvent besoin d'un plus petit que soi.* Sans la curiosité des petites choses on arriverait difficilement à la possession des grandes ; sans les innombrables et modestes travailleurs qui se sont partagé l'immense domaine du savoir humain, aucune science ne se serait constituée, loin de pouvoir parvenir à sa perfection. Toutes les curiosités sont nécessaires les unes aux autres; qui n'en a qu'une, fût-elle d'un ordre très élevé, n'en a pas assez et n'ira jamais loin. S'il n'est pas nécessaire de les avoir toutes, il faut du moins en reconnaître la valeur et n'en mépriser aucune de parti pris.

Ce fut l'erreur des Cartésiens de s'imaginer qu'ils n'avaient besoin pour construire, sur des fondements inébranlables, l'édifice des sciences, que d'eux-mêmes et de leur pensée. Ils dédaignaient d'un suprême dédain l'érudition, la philologie, l'archéologie, la géographie, toutes les curiosités qui n'étaient point leur curiosité; ils tenaient l'histoire elle-même en médiocre estime. Leibnitz en a fait à Malebranche[1] des reproches

---

[1] Lettre de Leibnitz à Gabriel Wagner.

aussi modérés que sensés. Il pense avec raison qu'un vrai philosophe ne doit négliger aucun tribut, si faible soit-il, apporté par un curieux doué de quelque intelligence, même par le plus humble artisan déployant son esprit inventif dans le plus modeste des métiers. C'était aussi la conviction de Gœthe[1] que tous peuvent contribuer à l'œuvre commune et que, pour la faire avancer, la Providence a créé toutes sortes d'esprits curieux et capables de toutes sortes de choses. Même cette recherche des *habits des Macédoniens*, dont Nicole et Arnaud ont fait des railleries agréables, peut n'être pas sans profit, pourvu qu'on n'y donne pas trop de temps et qu'on n'en exagère pas l'importance.

C'est une vérité banale que l'esprit humain a beau être un d'une unité dont personne ne doute, rien n'égale la variété des esprits et celle de leurs aptitudes. Dans les sociétés les plus diverses, sous tous les gouvernements et tous les régimes, à l'état de guerre comme à l'état de paix, au cœur des périodes les plus agitées, on trouve la même hiérarchie des esprits s'élevant, par degrés insensibles, des plus faibles aux plus forts, des plus positifs aux plus spéculatifs, des plus solidement

---

[1] Conversation avec Henri Voss : Weimar, mai 1804.

ancrés au sol à ceux qui planent librement dans les hautes régions. La Providence a créé une première fois et elle renouvelle sans cesse, pour tous les temps, pour tous les pays, des ouvriers de tous les talents, attachés chacun par un attrait particulier et une curiosité spéciale à une œuvre qui n'est pas celle de leurs compagnons de travail, alors même qu'elle la prépare ou la complète. Admirable hiérarchie dont nous avons tous quelque idée, mais qu'un esprit philosophique, à mesure qu'il la voit mieux, rattache à un plan plus vaste !

On a beau nous parler sans cesse d'*évolution*, comme on a parlé de tant d'autres choses ensevelies dans un oubli profond; on peut nous donner pour absolument nouvelle une conception fort ancienne, adaptée à la mode du temps et à nos préférences pour certains aspects de la nature, pour moi je suis moins frappé de voir ici-bas toutes choses évoluer dans des conditions mal définies, suivant des lois douteuses, vers un but inconnu, que de les voir se disposer, dans le monde physique et dans le monde moral, suivant un ordre hiérarchique qui n'est nulle part interrompu. Cet ordre universel qui, dans ses parties comme dans son tout, réclame un centre ou un sommet, une subordination, des degrés, je le découvre aussi bien dans le monde des esprits que dans celui des corps, et, où mon regard cesse d'atteindre, ma raison me dit qu'il existe encore, et qu'elle espère bien le voir un jour. Que cet ordre hiérarchique s'allie sans trop de peine avec le progrès du moins parfait au plus parfait, avec l'ascension de l'inférieur au supérieur, il est possible, mais il me suffit pour le moment, et dans la question qui nous occupe, de constater ces aptitudes si diverses des esprits concourant tous à une œuvre commune, ces curiosités si différentes s'efforçant chacune de soulever un coin du voile qui nous cache le bonheur et la vérité. Cette variété toutefois n'est pas telle qu'elle ne reconnaisse des limites, et que l'unité se perde au sein de ces innombrables nuances; il suffit à chacun de nous, pour la retrouver, de rentrer dans sa nature et de lui obéir.

Le nombre, en effet, n'est pas si grand qu'on pourrait croire de ces curiosités étroites qui s'emprisonnent, dès les premiers jours, dans des études exclusives et dans des recherches d'une importance minuscule. C'est quelquefois la fin d'un effort poussé trop loin : plus souvent encore c'est celle d'un beau rêve. On débute, en effet, le plus ordinairement par une curiosité générale, ardente, ambitieuse qui essaie de tous les chemins et parcourt une foule d'objets, mais sans faire autre chose que les effleurer. On a plus de désirs que de forces, plus de bon vouloir que de loisir ou de génie ; on s'en aperçoit tôt ou tard, et si l'on s'attache alors à un ordre particulier de choses ou de faits, c'est qu'on désespère de parvenir à ce savoir universel dont on avait rêvé la conquête. Du moins en garde-t-on l'idée présente au fond de son âme, et si elle s'affaiblit chez quelques-uns au point de disparaître, elle persiste chez le plus grand nombre. Source de lumière, féconde en inspirations, cette idée de l'ordre universel, du bel enchaînement des sciences correspondant à celui des êtres et des choses, unit entre eux, à toutes les distances, les esprits les plus différents appliqués aux études en apparence les plus étrangères les unes aux autres. Elle les empêche de se rétrécir, de se dessécher dans des recherches arides ; elle ne permet pas que leur curiosité descende au niveau de ces curiosités vulgaires qui ne veulent rien savoir de général ou d'universel, et qui ne s'inquiètent même pas de ce qu'on cherche et de ce qu'on découvre dans leur voisinage immédiat.

Telle n'est pas assurément, Messieurs, celle qui a conduit quelques-uns d'entre vous à étudier de préférence, ou une période limitée de nos annales dauphinoises, ou une petite portion d'une science de la nature, ou une région encore inexplorée du vaste domaine de la philologie. Préoccupés des détails, comme c'est votre goût et votre droit, vous n'oubliez pas dans quelle dépendance ils sont de l'ensemble, et qu'il importe, pour les bien connaître, d'élever de temps à autre ses regards jusqu'au tout dont l'analyse les détache sans pouvoir les en séparer, jusqu'aux sommets qui dominent toutes les sciences et d'où on les embrasse, dans leur suite, leurs lois générales et leur unité. Vous n'êtes pas de ceux qui réussissent à étudier l'histoire des faits humains, sans s'inquiéter de la nature de l'homme et de sa destinée, ou de ceux qui, parvenus assez loin dans la science du monde physique, parmi tant de belles découvertes, n'ont pas su découvrir le Dieu qui lui a donné ses lois. Alors même qu'on vous croirait absorbés par des recherches minutieuses, une foi inébranlable, à défaut d'une pensée constamment présente, vous maintient dans la région supérieure des grandes vérités. C'est l'esprit philosophique qui agit alors en vous; c'est lui qui ennoblit et qui vivifie votre curiosité.

Et toutefois, Messieurs, l'ordre du monde est si bien réglé, choses et gens y ont si bien leur place et leur emploi que même le travail le plus obscur, — permettez-moi d'insister sur ce point, — je n'ose dire le moins intelligent de la curiosité la plus étroitement circonscrite, la moins préoccupée des sommets et du résultat final, a son utilité au sein du travail commun. A voir de nos jours ces légions de travailleurs appliqués à une chose unique, archéologues, géographes, paléographes, historiens, philologues, savants de tous les noms, bibliophiles, absorbés chacun dans une tâche qui ne varie jamais, on se rappelle involontairement ces armées de maçons, de tailleurs de pierre dont pas un n'a dit son nom à l'histoire, et qui, sous la direction d'architectes pour la plupart également inconnus, ont édifié nos magnifiques cathédrales; ou bien l'on songe à ces îles lointaines que le travail séculaire et silencieux d'innombrables ouvriers a lentement construites dans les profondeurs de l'Océan, jusqu'au jour où elles se sont épanouies à sa surface, couvertes bientôt d'une luxuriante végétation. Il n'est pas nécessaire par exemple que le nombre des chefs-d'œuvre dont s'honore l'esprit humain s'accroisse à l'infini, — leur prix n'en serait pas augmenté, — mais il est indispensable qu'un long et persévérant travail des générations nées avant eux en ait préparé l'enfantement, qu'il ait disposé les esprits à une curiosité intelligente, qu'il les ait ouverts à l'admiration. L'écrivain de génie ne naît pas dans un sol demeuré sans culture; il lui faut des contemporains curieux des belles choses, dignes de le comprendre, tout un milieu qui ne se forme pas en un jour. Et quand il a paru, quand il a légué son œuvre à ses concitoyens, quelquefois à l'univers entier, il est bon que d'autres curieux se présentent pour protéger sa mémoire, commenter ses écrits, les expliquer par son éducation, sa famille, ses croyances, quelquefois même par les détails de sa vie.

C'est à peine si, de nos jours, on les peut compter ces curieux d'arrière-garde rangés par exemple autour de l'œuvre de Molière ou de Shakespeare, également prêts à seconder tous les apologistes et à pourfendre tous les agresseurs. Sans doute il serait à désirer qu'ils aient lu jusqu'au dernier les drames, les comédies dont ils soutiennent la cause avec tant d'ardeur, qu'ils aient pénétré jusqu'au cœur de leurs fortes ou de leurs délicates beautés, tout en serait mieux assurément, mais il ne faut pas pousser trop loin nos exigences : bornons-nous donc à un simple souhait. — Le curieux qui a pris la peine (j'ai lu son livre alors nouveau[1], il y a plus de quarante ans) de nous révéler, avec une scrupuleuse exactitude et au prix de patientes recherches, la date de la publication et de la représentation de toutes les pièces de notre théâtre national (il faudrait y ajouter, de nos jours, un beau supplément), n'en

---

[1] Il s'appelait, si mes souvenirs me servent bien, M. Lucas, chef de bureau dans quelque Ministère.

avait lu, j'imagine, qu'un très petit nombre ; il n'en a pas moins fait une œuvre utile et qui mérite notre reconnaissance. — Les membres dévoués de la Société qui propage et surtout protège l'étude du grec dans notre pays, eux dont les cotisations généreuses et les noms honorés viennent, tous les ans, au secours d'une cause compromise, ont-ils tous appris et possèdent-ils tous parfaitement la langue de Démosthènes et de Platon ; en ont-ils, dans le texte original, lu et goûté les chefs-d'œuvre ? Nul ne l'a jamais dit, et pourtant ces curieux des Lettres grecques contribuent à une œuvre dont le succès importe plus qu'on ne croit à l'avenir des Lettres françaises, lequel est, pour une si grande part, l'avenir de la patrie.

Les philosophes d'ailleurs auraient mauvaise grâce de critiquer, pour quelques faiblesses qu'on y peut découvrir, la curiosité d'autrui, quand ils ont à s'adresser des reproches autrement sérieux. N'ont-ils pas, en effet, dans la première moitié de ce siècle, poussé plus loin qu'on n'avait fait jusqu'alors, plus loin même qu'il n'était nécessaire, la curieuse recherche des opinions de leurs prédécesseurs ? Sans doute on comprend qu'ils aient craint de reproduire, sans le savoir, et de donner comme nouvelles des théories vieilles de plusieurs siècles ; on admet encore qu'ils aient cherché dans les pensées des philosophes anciens et modernes un point d'appui pour leurs propres pensées. Il est bon, il est sain, nous en convenons avec eux, de vivre dans le commerce des grands esprits, mais c'est à condition de ne prendre que le meilleur de leurs pensées, sans s'attarder à d'infimes détails. Il les faut abandonner à ces curieux de profession qui n'ont ni le goût, ni peut-être la force de penser par eux-mêmes, et qui nous rendent le service d'analyser ces mille petites philosophies qui pullulent entre les grandes Écoles (les seules qu'il importe d'étudier directement), et remplissent les intervalles qu'elles laissent entre elles de leurs innombrables et médiocres conceptions.

Travail ingrat d'ailleurs, et qu'on ne s'étonnera pas de voir, comme la toile de Pénélope, sans cesse défait et refait, si l'on réfléchit à la pénétration dont il faudrait être doué pour suivre, dans ses progrès et ses détours, une pensée qui s'est développée peu à peu, qui a varié, — ce ne serait pas sans cela une pensée humaine, — qui s'est plus d'une fois corrigée et contredite, qui n'est parvenue qu'aux derniers jours à se posséder moins imparfaitement, quand la fin de la vie n'a pas elle-même précédé celle de ce long travail. Pour une pareille tâche, ce n'est pas assez d'une curiosité laborieuse, il faudrait presque du génie:

on peut mieux l'employer. Ceux qui ont reçu de la nature le moindre pouvoir de penser, ne refuseront pas sans doute de consulter leurs prédécesseurs, mais ils se garderont bien de se mettre servilement sous leur dépendance, davantage encore de vouloir dissiper toutes les obscurités de leurs systèmes.

Qu'ils se rappellent ce qu'il nous en a coûté pour avoir, poussés d'une curiosité indiscrète, tenté de pénétrer, au début de ce siècle, tous les mystères de la philosophie allemande. De Villers, Portalis, Madame de Staël, Victor Cousin à leur suite, n'aperçoivent d'abord qu'un seul aspect de la doctrine de Kant : la glorification du *devoir*, et une grandeur morale qui contrastait avec les abjections du matérialisme contemporain. Cette noblesse de caractère qui appartenait surtout à l'homme et se reflétait dans quelques pages éloquentes de ses écrits, ils l'attribuent, sans hésiter, à sa philosophie tout entière, dont ils n'ont découvert ni le vice radical, ni les funestes conséquences. On la célèbre, on l'exalte, on la répand, avant de l'avoir sérieusement étudiée, avant de l'avoir assez bien comprise. Nous sommes encore, à l'heure présente, après quatre-vingts ans écoulés, les victimes de cette ardeur irréfléchie, de cette imprudente curiosité. Nous devons, pour une grande part, à ces apologies prématurées, répétées de bouche en bouche par des disciples trop dociles, une partie des maux dont souffre la philosophie française ; un scepticisme raffiné d'où le pessimisme devait bientôt sortir, un idéalisme nuageux, un spiritualisme énervé, doutant de lui-même, une dispersion croissante des forces et des esprits, l'affaiblissement enfin, dans l'ordre philosophique, du génie français qui s'est consumé, durant plus d'un demi-siècle, à vouloir faire de la lumière avec des ténèbres, et une doctrine suivie avec de flagrantes contradictions.

N'adressons pas toutefois aux philosophes français séduits par des nouveautés de doctrine qui n'étaient au fond que des nouveautés de langage, plus de reproches qu'ils n'en méritent. Défendons-les même contre l'injuste accusation dont on poursuit quelques-uns d'entre eux ; on la résume ainsi : « Vous n'êtes plus, après tant de théories exposées, commentées, après tant de biographies racontées dans le plus curieux de leurs détails, d'analyses achevées, puis recommencées, que des curieux incorrigibles, dépourvus de toute originalité. Vous vous êtes si bien habitués à vivre dans la pensée d'autrui que vous avez perdu la force et le goût de penser par vous-mêmes. Vous êtes allés plus loin, et pour dissimuler une faiblesse sans remède, vous aimez à dire que la philosophie serait, après tout, bien malheureuse de trouver ce qu'elle cherche, d'affirmer avec résolution les vérités qu'elle aurait enfin découvertes. Sa vraie fin, ajoutez-vous, sa vie et son bonheur c'est de s'informer çà et là curieusement, d'interroger le passé, le présent, les hommes, les livres, la nature, la conscience, et de tenir registre de leurs réponses. A cela se borne sa mission ; elle n'aurait plus de raison d'être, si elle avait le malheur de découvrir les vérités qu'elle poursuit. Ce serait son dernier jour, et elle ne serait plus la philosophie. »

J'ignore si quelques paroles jetées au hasard d'une improvisation, mais surtout mal comprises, ont pu donner lieu à des accusations aussi mal fondées, mais j'affirme que pas un philosophe sincèrement spiritualiste n'en accepterait en France, à l'heure présente, la responsabilité. Eh quoi ! la curiosité des savants, physiciens, chimistes, géologues, naturalistes, ne ferait que traverser les phénomènes pour arriver le plus vite possible à leurs lois ; elle chercherait, d'un constant effort, à découvrir le général, et, dans ce qui passe, ce qui demeure toujours le même ; elle énoncerait avec une précision rigoureuse des lois qu'elle tient pour certaines, et la curiosité des philosophes, indécise et flottante, irait de faits en faits, de raisonnements en raisonnements, sans jamais conclure, — de doctrine en doctrine, sans en adopter aucune! Comme la curiosité des enfants ou des faibles d'esprit, elle n'aurait d'autre fin qu'elle-même et une égoïste satisfaction! Non, il n'en est pas ainsi; plus fermement que jamais, au contraire, les chefs du spiritualisme français divisés sur d'autres points proclament que la philosophie serait une science stérile, et qu'il faudrait la tenir en médiocre estime si, par l'influence directe des vérités absolument certaines qu'elle enseigne, elle n'aidait à former et à fortifier les caractères, à contenir les passions, à gouverner la vie. Ils savent et ils disent unanimement que cela ne se peut faire avec des vérités dont on doute, avec des vérités qu'on cherche encore et dont le lendemain n'est pas assuré.

Soutenir que la philosophie n'a pas, à sa disposition, un seul port tranquille, un seul abri sûr, une seule affirmation qu'une affirmation contraire ne puisse remplacer, c'est manquer de clairvoyance et de bon sens. Rappeler que la vérité étant, de sa nature, infinie, inépuisable, les philosophes ne cesseront, jusqu'au dernier jour, de découvrir et de chercher, c'est rendre hommage à la Pensée éternelle, au Dieu infini et tout-puissant, c'est s'incliner devant l'insondable mystère de sa nature, c'est l'appeler à son aide pour pénétrer plus avant dans le secret de ses œuvres. La philosophie renferme donc, à côté des affirmations précises qui sont comme le fond solide et immuable du spiritualisme, un grand nombre de questions toujours ouvertes, et sur lesquelles s'exerce notre curiosité. Dans les questions même depuis longtemps résolues, qui serait assez orgueilleux pour se flatter de tout savoir, assez envieux pour dénier à autrui le droit d'ajouter un peu de lumière à celle dont nous jouissons ? On s'étonne quelquefois de voir paraître, à des intervalles assez rapprochés, un livre nouveau, souvent même un livre remarquable et digne de tous les éloges[1] sur la *Liberté* ou sur la *Raison*. Est-ce à dire qu'on doutait sérieusement de leur réalité ? En aucune façon ; mais il faut se rappeler que si ces deux nobles facultés s'exercent dans un monde fini, sur des objets et des êtres bornés, leur source est dans l'Infini lui-même, et qu'en Lui seul est écrit leur dernier mot. L'a-t-on jusqu'à présent assez bien déchiffré ? A quel philosophe pourrait-on interdire l'espoir de le lire encore mieux que ses devanciers ?

Enfin, Messieurs, gardons-nous de l'oublier : un excellent moyen de découvrir plus sûrement la vérité, c'est de ne pas la chercher toujours, c'est

---

[1] Et par exemple, sans faire tort à ceux qui les ont précédés, le livre de M. CELLARIER sur la *Raison,* et celui M. FONSEGRIVE sur la *Liberté.*

de mettre de temps à autre un frein à notre curiosité. Nous aimons trop les explorations sans fin, nous avons aussi trop de goût pour la polémique et les batailles. A ceux qui voudraient calmer notre inquiétude, tempérer notre ardeur, volontiers nous répondrions comme Arnaud : « Eh quoi ! n'avons-nous pas pour nous reposer l'éternité tout entière ! » J'en tombe d'accord et suis persuadé que l'Éternité nous laissera bien des loisirs, mais ma conviction n'est pas moins ferme que dès ici-bas nous avons le droit de jouir de la vérité, et que cette paisible jouissance, dans laquelle se retrempent toutes les facultés de l'âme, est la meilleure préparation à la conquête de vérités nouvelles. Si les philosophes, si tous les curieux, à quelque recherche qu'ils s'appliquent, savaient user du recueillement, s'ils savaient jouir, au moins en passant, dans le silence et la paix, du bien qu'ils ont acquis, on verrait parmi eux moins de découragés, moins de pessimistes, moins de sceptiques, moins d'esprits usés avant le temps par une curiosité sans trêve et un travail sans délassement. Mais à ce point où nous sommes parvenus, tout un ordre d'idées nouveau nous apparaît; ce n'est point l'heure de les envisager : elle viendra, je l'espère, quand nous traiterons devant vous du dernier caractère de l'esprit philosophique, *l'amour de l'ordre et de son principe.*

Demeurons donc sur cette dernière réflexion, et n'oublions jamais que la curiosité, même celle de l'ordre le plus élevé, réclame, pour porter ses fruits, du repos et des trêves, que pour chercher utilement la vérité il faut, de temps à autre, entrer en conversation avec elle, et jouir de son commerce par le recueillement, la méditation, la prière. Rappelons-nous que s'il est permis de donner çà et là dans la vie quelques instants à des curiosités inférieures, il est une curiosité plus haute, vraiment philosophique, digne de l'homme, celle qui, à travers le voile des choses qui passent, nous permet d'entrevoir Celui qui ne passe point. Qu'on ne dise pas un jour de nous : ils ont respiré tous les parfums, recherché et admiré tous les spectacles brillants, éblouissants, frivoles ; ils ont prêté l'oreille à tous les sons, à tous les concerts, à toutes les voix du dehors ; ils n'ont pas su donner, dans le cours d'une longue carrière, une heure de leur curiosité au spectacle de leur âme, un quart d'heure d'audience à la Parole intérieure.

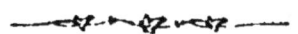

III.

LA LIBERTÉ D'ESPRIT

Messieurs,

On étonnerait fort un grand nombre d'hommes qui ont combattu toute leur vie pour les libertés publiques, qui les ont défendues par la plume ou par la parole, si on leur disait que peut-être ils n'ont pas toujours possédé la liberté d'esprit. Eh quoi ! ils auraient livré tant de batailles, enduré tant de fatigues, pour assurer à leurs concitoyens les libertés les plus précieuses dans l'ordre civil, politique, économique, et ils ne posséderaient pas une liberté à première vue assez élémentaire, la liberté d'esprit ! Qu'est-elle, d'ailleurs, cette liberté qu'on ne revendique point, sans doute parce que tout le monde la possède et que nul ne saurait la perdre ou l'aliéner ? Ils ont, pour leur part, avec une intelligence plus ou moins nette d'une question fort complexe, célébré, réclamé la liberté de penser ; mais, pour la liberté d'esprit, à parler franc ils n'y songeaient même pas, et qui donc s'en occupe sérieusement ?

Cette liberté dont on ne parle guère, qui n'est pas inscrite sur le catalogue des libertés nécessaires ou des libertés désirables, elle n'est rien pour ceux qui ne pensent pas ; elle est tout pour ceux qui réfléchissent, et qui, avant de défendre la liberté dans ses manifestations extérieures, se demandent s'ils la possèdent eux-mêmes, dans ce qu'elle a de plus personnel et de plus intime. Il n'y aurait pas de ruisseau s'il n'y avait pas de source : la source de toutes les libertés c'est la liberté d'esprit. Est-elle troublée, les eaux qui en sortent ne sauraient être pures ; vient-elle à tarir, le fleuve peut garder son nom, mais son lit se dessèche.

L'effroi m'a saisi, Messieurs, quand, regardant en moi-même et autour de moi, j'ai essayé, dans une revue sommaire, de compter les nombreux, les redoutables ennemis de la liberté d'esprit. Il en vient de partout et ils portent tous les noms ; ils agissent en se montrant ou en se dissimulant ; ils sont nos maîtres que nous croyons encore leur commander. Ne soyez donc pas surpris si, dans une question aussi vaste, je fais un choix et

m'arrête de préférence aux adversaires de la liberté
d'esprit dans les études et les recherches philosophiques. Par ceux-là du moins vous jugerez
des autres, de leur nombre, de leurs ruses, de
leur force. Signalés à votre attention dans un
monde qui est celui de la raison et des vérités
morales, ils seront plus facilement découverts
dans l'ordre politique, économique, littéraire,
scientifique, religieux. C'est votre tâche qui com-
mencera : la mienne se borne, dans des limites
bien définies, à des indications très sommaires.
Sommairement aussi nous pourrons dire, en passant, si le sujet nous y conduit, quelque chose
des appuis naturels qui fortifient, au lieu de la
diminuer, la liberté d'esprit. Il s'agit, en effet, de
la préserver, non de l'isoler, de lui signaler l'ennemi, non de lui ravir les armes à l'aide desquelles on en peut triompher.

Ne croyez pas, d'ailleurs, que pour révéler
certaines misères, pour censurer quelques travers
de l'époque présente, je méconnais ce qu'elle a
produit d'utile et d'excellent. Je suis de mon
temps, j'admire les grands hommes et les grandes
œuvres qui l'honorent ; s'ensuit-il qu'à la différence des âges qui l'ont précédé il n'ait eu ni
défaillances, ni préjugés ? A quoi servirait de
connaître exactement ceux des siècles passés, si
l'on devait, de parti pris, fermer les yeux sur ceux

de ses contemporains? Les signaler c'est, pour le philosophe, remplir un devoir, c'est peut-être aussi rendre un service.

Vos maîtres vous ont enseigné, quand vous étiez sur les bancs du collège, et, depuis cette époque, vous n'avez cessé de lire dans les feuilles publiques, les Revues et les livres, que Descartes avait émancipé l'esprit humain, qu'il lui avait rendu sa liberté. Vaines paroles, éloges emphatiques dont Descartes serait honteux s'il pouvait les entendre, qui blesseraient son amour sincère de la vérité. Nul n'est assez puissant pour enchaîner l'esprit humain, nul ne serait assez fort pour lui rendre sa liberté si, par malheur, il l'avait perdue. On peut bien secouer sa torpeur, le réveiller de son sommeil, diminuer le nombre des préjugés qui l'accablent, faire plus petite la part de la routine qu'on ne supprime jamais entièrement (peut-être est-il bon qu'il en soit ainsi); en un mot, on peut lui apprendre à faire un meilleur usage de sa liberté; on ne saurait aller au delà. Nous n'avons pas d'ailleurs à juger Descartes, à nous prononcer sur l'utilité de son entreprise, sur les moyens qu'il employa pour la faire réussir. Ce que nous pouvons affirmer, c'est que les choses se passent, à l'heure présente, exactement comme elles se passaient avant lui. Il y a toujours des Écoles philosophiques, et, dans chacune de ces

Écoles, un maître et des disciples ; il y a toujours, dans le monde des sciences et dans celui de la pensée, une domination tantôt légitime et tantôt usurpée de ceux qui savent ou croient savoir sur ceux qui ne savent pas, une influence incontestée des esprits d'une bonne trempe sur les esprits moins bien doués. C'est la loi de l'humanité, on ne la changera pas : peut-être même est-elle, de nos jours, plus absolue qu'elle ne fut jamais.

Regardez, en effet, autour de vous, en France, en Allemagne, en Angleterre, dans tous les pays où la philosophie fait quelque figure ; fouillez, scrutez, puis faites le compte des esprits indépendants. Vous voilà, comme Massillon à la recherche des élus, désolé de n'en pas découvrir davantage et réduit à vous écrier : « O philosophie, où sont tes enfants ? O liberté, que reste-t-il pour ton partage ? ». Laissons de côté l'Allemagne, où Fichte, Schelling, Hégel, Schopenhauer ont exercé l'un après l'autre, sur les Universités et les classes moyennes, une domination aussi courte que tyrannique. Si l'on a plus d'une fois, dans le cours de cette période, changé de maître, on n'a jamais cessé d'être esclave ; toute la liberté consistait à deviner des énigmes, à passer d'une pensée ténébreuse à une pensée qui voulait bien ne se voiler qu'à demi. A la suite d'un guide audacieux, on poursuivait à travers la nature et l'histoire, dans leurs interminables évolutions, le *Moi*, l'*Absolu*, l'*Idée,* ou bien on pénétrait dans l'obscur domaine de l'*Inconscient,* mais on ne doutait pas un seul instant de la parole du maître : tout l'effort de l'esprit se bornait à la bien entendre.

A la même époque, Victor Cousin gouvernait de haut et régentait dans les moindres détails la philosophie française. Tout lui était soumis, et lui-même il obéissait à tous les chefs d'école anciens, nouveaux, français, étrangers ; le maître absolu de tant d'esprits excellents n'était pas son maître, il n'enseignait pas une philosophie qui lui appartint. Interprète habile, quelquefois éloquent, d'une pensée qui suppléait à l'insuffisance de la sienne, il passait, avec une merveilleuse facilité, d'une obédience à une autre obédience, des Écossais à Kant, de Kant à Schelling, de Schelling à Hégel, des Allemands aux Français, des Français aux Grecs, de Descartes à Platon, de Platon à Maine de Biran. Prompt à l'admiration, non moins prompt à se détacher, volontiers il s'écriait, en présence du système qui l'avait séduit pour un jour : *Voilà qui est la vérité ;* mais comme son admiration, cette vérité immuable changeait de temps à autre. Disciples dévoués ou résignés d'un maître sans doctrine, Jouffroy, Saisset ont porté jusqu'à la fin de leur courte et brillante carrière les marques visibles de cette sujétion ; ils n'ont qu'à de rares intervalles possédé pleinement leur esprit. Plus hardis, plus heureux[1], Jules Simon, votre compatriote Francisque Bouillier, un petit nombre d'autres, à des degrés divers, ont repris la confiance en eux-mêmes dont on les avait de bonne heure déshabitués : les autres n'ont pas réussi à s'affranchir.

Même soumission, d'ailleurs, dans les camps opposés, à la parole du maître, qu'il s'appelle Saint-Simon, Fourier ou Auguste Comte. A peine çà et là quelques esprits éminents, vraiment libres de cette liberté qui refuse d'abdiquer entre les mains d'un homme, fût-il un homme de génie, qui se prête à un maître aimé, mieux encore à une doctrine préférée, qui ne se donne qu'à la raison et à la vérité. Jamais peut-être on n'avait vu, comme de nos jours, dans un siècle qui se réclame obstinément de Descartes et de la liberté d'esprit, la pensée d'un chef d'école, sa volonté, disposer à ce point des pensées et de la volonté d'un grand nombre d'hommes très capables de penser par eux-mêmes ; jamais l'affection, l'admiration, la reconnaissance n'avaient noué des liens si étroits. C'est à peine si la mort du maître

---

[1] Nous n'avons ici en vue que les disciples de la première heure, les disciples immédiats.

les a rompus : l'habitude est encore là, à défaut de sa présence, pour les maintenir. Rappelons-nous, d'autre part, ce qu'il en a coûté à Lacordaire, à Gerbet, à Montalembert, à Rohrbacher, pour se détacher de Lamennais et pour répudier sa doctrine. En obéissant à l'autorité religieuse qu'avait acceptée leur raison, c'est à la raison même qu'ils pensaient obéir, mais Dieu sait au prix de quelles luttes, de quels déchirements intérieurs ils ont reconquis leur liberté !

Du moins, Messieurs, ceux qui l'avaient ainsi aliénée pour un temps subissaient l'ascendant d'un esprit supérieur : ils s'étaient d'eux-mêmes soumis à l'éloquence ou au génie. On peut se tromper dans le choix d'un maître, on peut accorder à ses exigences déraisonnables ce qu'on croit donner à sa prudente direction, il n'en est pas moins vrai qu'il faut des guides et des maîtres : l'humanité ne s'en est jamais passée, elle n'a jamais fait sans eux un pas décisif. Le tout est de les bien choisir, de mesurer sa confiance à leur pénétration, à leur savoir, à leur amour sincère de la vérité. Il est naturel qu'un homme se soumette, sous ces réserves, à celui de ses semblables qu'il croit plus raisonnable et plus savant : c'est encore une manière de se soumettre à la raison. Mais que dire de ceux qui se plient, sans la moindre résistance, à tous les caprices de la *mode* et de *l'opinion,* deux mots qu'on devrait rougir d'employer en philosophie, car il n'en est pas qui aient si peu de rapports avec la vérité? Comment qualifier ces engouements opiniâtres ou passagers pour des théories qui viennent de tel pays plutôt que de tel autre, pour ces livres dont le principal mérite est qu'ils ne sont pas écrits dans notre langue et que peu de personnes sont en état de les entendre? Est-ce donc une raison, parce que la vérité n'appartient en propre à aucun peuple, parce qu'elle ne connaît pas les frontières arbitrairement tracées par la guerre ou par la politique, de la chercher uniquement au delà de nos frontières et de s'imaginer qu'elle n'est plus chez nous?

On rirait d'apprendre, dans le grand public, — si le grand public s'intéressait encore à la philosophie, et si on ne l'en avait dégoûté, à force de lui parler une langue qu'il ne comprend plus, — les aberrations dans lesquelles sont tombés, les adulations auxquelles sont descendus quelques philosophes français. Le culte de l'étranger, de l'Allemagne surtout, est devenu pour plusieurs qui ne croient pas en Dieu une religion voisine du fétichisme. L'autel a beau se déplacer, il a beau passer de Berlin à Heidelberg, d'Heidelberg à Tubingue, de Tubingue à Leipsick, la divinité qu'on y révère a beau prendre tous les noms et les formes les plus diverses, le même encens lui est réservé et ses réponses sont tenues d'avance pour des oracles infaillibles. Que l'Allemagne soit justement fière d'un Leibnitz, je m'incline avec elle devant ce grand nom ; qu'elle ait tour à tour admiré, dénigré, maudit d'autres philosophes, ses enfants, cela ne regarde qu'elle ; qu'à l'heure présente elle possède des savants de premier ordre, je suis le premier à leur rendre hommage ; mais qu'il n'y en ait plus en France, et qu'on n'ose plus, dans notre pays, penser, écrire, sans avoir reçu le mot d'ordre ou mendié le *placet* de l'étranger, nul ne l'admettra, s'il a tant soit peu de bon sens et s'il connait l'histoire. Non, le génie national n'est pas éteint, il n'est qu'endormi : il a perdu le sentiment de sa force, il doute de lui-même ; reprenons, il en est temps, notre liberté d'esprit.

Quand on n'est pas dans le secret des choses, volontiers, on reproche leur audace à nos jeunes philosophes, on s'effraie des affirmations hardies dont ils ne sont responsables que pour les avoir reproduites : nous les croyons, nous, timides à l'excès. Ceux qui savent où ils puisent et à quelles secrètes inspirations ils obéissent leur diraient volontiers : *sapere aude*, encouragement qui s'allie très bien avec la vieille et nécessaire maxime : *sapere ad sobrietatem*. Qu'ils cessent donc d'invoquer des autorités qui nous inspirent une médiocre confiance, de répéter des phrases toutes faites que nous sommes las d'entendre, de mêler à leurs propres observations, à leurs réflexions timidement énoncées des observations et des réflexions qui ne les valent pas, d'altérer la langue nationale par de maladroits emprunts aux langues étrangères ou, qui pis est, au barbare jargon de quelques philosophes. Que leur clairvoyance s'emploie à découvrir et qu'ils ne craignent pas de signaler les inductions hâtives, les observations inexactes, les faits dénaturés, les conclusions infiniment plus larges que les prémisses ; qu'ils n'hésitent pas à nous dévoiler, dans ces doctrines soi-disant nouvelles, la vieille erreur du panthéisme, habile à prendre toutes les formes, à se dissimuler sous les apparences les plus séduisantes. Cette fois, c'est avec les sciences qu'elle voudrait s'allier, c'est leur témoignage qu'elle invoque. Qu'ils brisent une alliance contre nature, qu'ils démentent un témoignage qui n'a pas été donné. Rien n'est plus facile : il n'y faut qu'un peu d'attention et beaucoup de liberté.

On s'explique, sans la justifier, quand on regarde de près à la servitude volontaire de certains esprits, l'entreprise de Descartes : on conçoit qu'à certaines heures la philosophie, encombrée d'erreurs, d'opinions, de prétentions mal fondées, de formules usées, de réputations usurpées, réclame les bons offices d'un bras vigoureux. La Scolastique dégénérée, la Renaissance habile surtout à corrompre les doctrines qu'elle prétendait rajeunir, avaient fait oublier la grande philosophie du xiiie siècle. On ne pouvait plus avancer d'un pas sur une route désormais impraticable : il fallait la dégager, non la détruire. Descartes fit l'un et l'autre : il dépassa le but, contentons-nous de l'atteindre: Il n'est pas nécessaire pour cela de condamner le passé et de rejeter sans distinction tout ce qui vient de lui ; il suffit de rompre avec ses erreurs et de briser les liens dont nous enchaînent la mode, l'opinion et des autorités qui tiennent de leur bon plaisir et de notre aveugle soumission leurs prétendus pouvoirs.

Quand nous serons libres, et que des hommes, nos semblables, auront cessé d'être nos maîtres pour demeurer, s'ils en sont dignes, nos fidèles conseillers, la victoire ne sera pas encore décidée en notre faveur. Il nous restera à triompher de nous-mêmes, à réprimer les écarts, à modérer les caprices de notre *imagination*. Elle est aujourd'hui ce qu'elle était hier, ce qu'elle sera toujours, et ses services très réels sont bien payés par ses exigences. Elle crée des fantômes ; elle les fait vivre, se mouvoir, grandir, parler, donner des ordres, imposer des lois; elle nous inspire à son gré, pour des choses qui ne le méritent pas et qui souvent ne sont pas, l'amour, l'effroi, l'admiration, la soumission. « Qu'on me dise où est la Science, qu'on me la montre », s'écriait, il y a quelque temps, un vrai philosophe, de plus en plus libre des liens qui l'avaient d'abord enchaîné. L'appel de M. Renouvier n'a pas été entendu, il ne pouvait l'être. La Science, en effet, est un de ces fantômes dont nous parlons; l'ignorance et l'imagination se sont unies pour le former, et malgré les timides protestations du bon sens il s'est créé par le monde un assez bel empire. Et pourtant le nom seul existe : pur néant que la chose. Parcourez les Universités de l'Europe et du Nouveau-Monde, assistez aux leçons des savants et des philosophes, interrogez, cherchez; vous vous assurerez bientôt que nulle part on n'enseigne la Science : elle n'a pas, dans l'univers entier, une chaire, un professeur qui soient à elle, qui lui appartiennent. La raison en est simple : elle n'est pas.

« Mais on en parle, mais on la célèbre en prose, en vers, on l'invoque, on en appelle à ses décisions suprêmes : faudra-t-il donc s'insurger contre l'opinion commune, ne point faire et ne point dire comme les autres? » — Assurément, si les autres ne savent ce qu'ils disent, s'ils n'ont pas regardé d'assez près, s'ils sont les victimes de leur imagination. Encore une fois, demandez à ces dévots de la Science de vous la faire voir, de vous dire tout au moins où on la voit ; promettez-leur d'unir vos bénédictions et vos louanges aux louanges et aux bénédictions dont ils la comblent, à condition qu'ils vous la montrent une fois, une seule fois : vous les mettrez, pour peu que vous insistiez, dans un cruel embarras, mais il n'est pas du tout sûr que vous les persuadiez. Leur imagination a été trop vivement remuée, les traces de l'erreur y sont trop profondes : elles ne s'effaceront pas de sitôt. Vous avez beau leur prouver qu'entre les sciences particulières, nettement distinguées les unes des autres par la nature de leur objet, et la philosophie qui leur donne à toutes méthodes, principes, couronnement, qu'entre tant d'études spéciales qui bégaient le premier mot de chaque chose et la philosophie qui s'exerce à nous dire le dernier mot de toutes choses, il n'y a pas la plus petite place pour la Science, vous triompherez à grand'peine de leur obstination. Il faudra vous y reprendre à plusieurs fois, prodiguer votre bon sens, dépenser, sans compter, votre logique et votre éloquence, pour renverser la plus vaine de toutes les idoles.

Bornons-nous à celle-là : toutes les autres lui ressemblent, avec cette différence toutefois que, moins connues et d'une renommée moins bruyante, elles ne reçoivent guère que les hommages des philosophes de profession. Ce sont modestes édicules et comme chapelles privées, ouvertes aux seuls initiés, mais où l'adoration n'est pas moins profonde, ni le culte moins régulier, surtout de la part de ceux qui ne croient pas en Dieu.

Nous nous retrouvons ensemble, initiés et profanes, peuple et philosophes, aux prises avec une troisième classe d'adversaires de la liberté d'esprit : *les mots*. A vrai dire, ce n'est pas la première fois que nous les rencontrons sur notre route : le nom seul des maîtres qui gouvernent notre pensée, le nom de la doctrine qu'ils nous imposent sont une partie de leur puissance ; celle des fantômes, *Science* et autres du même genre, est tout entière dans le mot qui les exprime et qui leur tient lieu de substance. Heureuses les théories nouvelles, vraies ou fausses, qui trouvent, pour les résumer, un mot sonore, facile, harmonieux, ou, ce qui revient presque au même, un mot bizarre, étrange, obscur, imposant : on parvient au même but par les voies les plus opposées. *Transformisme, évolutionnisme* sonnent bien ou assez bien à l'oreille, et semblent d'ailleurs, au premier abord, n'exprimer que des idées fort anciennes. Si *darwinisme* est un peu plus dur, il a l'avantage d'unir le nom d'un homme à celui d'une chose, et d'imposer à la fois deux jougs à ceux qui se plaindraient de n'en porter qu'un seul. N'oubliez pas que nous n'avons nullement la prétention de juger ici des théories dont les aspects très divers, les frontières très mobiles, les dernières conclusions tantôt adoucies, tantôt nettement accusées, ne permettent point qu'on prononce sur elles, en une fois, par un seul verdict. Nous parlons uniquement des noms qui les désignent, qui, le plus souvent, les résument assez mal, mais qui, répétés à tort et à travers par les demi-savants et les ignorants, font une partie de leur succès et hâtent leur marche à travers le monde.

Transformistes, nous le sommes tous, dans les limites de la nature et de la raison : nous avons mille motifs personnels de croire que tout change et se transforme ici-bas. *Transformistes,* vous l'étiez, Messieurs, il y a quelques jours, devant la riche exposition de chrysanthèmes où nos jardiniers fleuristes étalaient, à l'envi les uns des autres, les merveilles de leur patience et de leur savoir-faire. L'industrie de l'homme avait, d'un art incroyable, diversifié, combiné, nuancé les couleurs ; elle avait allongé, raccourci, découpé, disposé de mille manières feuilles et fleurs ; elle s'était arrêtée devant l'unité du type et ses caractères essentiels. Dans cette exposition aux mille variétés de chrysanthèmes, partout vous reconnaissiez le chrysanthème. Aussi prétendez-vous bien que les mots vous servent et qu'ils vous aident dans vos recherches : à aucun prix vous ne consentiriez à être leurs esclaves. On ne vous verrait point, comme ce voyageur plus lettré sans doute que savant, célébrer la pénétration, le génie de Darwin, parce que la *Regina-Victoria,* si abondante dans les eaux du Parana et de l'Uruguay, devient, à la quatrième culture, dans l'espace de quelques années (nous sommes loin des siècles autrefois exigés par la théorie), une plante de terre ferme, un véritable maïs aux graines délicieuses et nourrissantes. Cette légère tache s'aperçoit à peine dans un récit plein d'intérêt : vos yeux clairvoyants l'auraient découverte. Elle ne vous aurait pas empêchés d'aimer l'auteur et de goûter ses descriptions : vous auriez seulement regretté qu'il eût, à l'égard des noms propres et des mots, moins de liberté qu'on n'en doit avoir.

Ce qui est faute légère, très légère chez un voyageur plus occupé de peindre que de philosopher, devient faute grave chez un vrai philosophe. Il est coupable quand il se soumet à des mots nouveaux dont il sait l'erreur ou l'insignifiance; il l'est davantage quand lui-même il les forge. Vainement, pour se justifier, nous dira-t-il qu'il cède au courant, qu'après tout il faut bien, pour piquer la curiosité et ranimer l'attention du public, créer des mots nouveaux, alors que les choses demeurent ce qu'elles étaient : ces raisons sont médiocres. On lui pardonnerait aisément de remplacer un mot dur à l'oreille, mal fait, désagréable, par un autre plus harmonieux, mais en général c'est le contraire qui arrive. On remplace *rationnel* ou *supérieur* par *transcendantal*, le *devoir* par *l'impératif catégorique*, Dieu par l'*Inconnaissable*, et par la *psycho-physique* l'étude des *rapports de l'âme et du corps*. Notez bien que rien n'est changé, rien sinon les mots : encore fallait-il les donner moins longs, moins bizarres et surtout moins affectés. Loin de moi la pensée d'accuser nos philosophes de quelque charlatanisme; mais le public moins bien instruit de leurs vrais sentiments les en soupçonnerait qu'il aurait pour lui les apparences.

S'il est permis, pour des raisons sérieuses ou pour de simples convenances, de remplacer les mots ou de les modifier, il ne l'est jamais d'en abuser ou de les exploiter, si je puis m'exprimer ainsi. Par malheur, rien n'est plus fréquent. Ils étaient bien habiles, ils savaient, à n'en pas douter, avec quelle facilité les hommes se laissent prendre aux mots, ils avaient exactement mesuré la faiblesse de leur raison, la force de leur imagination, ceux qui ont parlé pour la première fois *d'âge de bronze, d'âge de pierre, d'âge de fer,* ceux aussi qui ont découvert et nommé les *cités lacustres.* Voyez comme à ce seul mot d'*âge* l'esprit travaille, se tourmente, entasse années sur années, unit et confond les vagues souvenirs qui lui sont restés de Bossuet et de Cuvier, les Ages du monde et les Époques de la nature. Un âge : mais c'est au moins plusieurs siècles, peut-être dix, peut-être quinze, peut-être davantage; mais c'est, dans l'histoire avant l'histoire, une période immense, parfaitement circonscrite, qui commence à un jour connu pour finir à un autre jour, pour ne jamais renaître ! Rien de moins conforme à ces imaginations que la vérité des faits ; rien de moins immense que ces prétendus âges de pierre ou de bronze qui, d'ailleurs, au lieu de se suivre correctement, sans empiéter les uns sur les autres, comme le veut la théorie, naissent ici, meurent là, dans le même temps et dans des régions parfois assez voisines. Cette succession soi-disant régulière se prête, en réalité, aux combinaisons et aux écarts les plus variés : elle est pleine de lacunes et d'incertitudes.

Pour ceux que les *cités lacustres* auraient fait rêver de temples, de portiques, de palais, de forum flottant sur les eaux, qu'ils visitent, s'ils en ont le loisir, dans la Nouvelle-Guinée ou sur les bords marécageux de quelque fleuve américain, les misérables demeures élevées sur de grossiers pilotis, séjour de la misère et de la fièvre. Ils se demanderont comment on a pu ériger en cité ce qui est à peine un insignifiant hameau, et ils seront à l'avenir, pour eux-mêmes et pour autrui, plus sévères sur la sincérité des mots, laquelle importe si fort à la vérité des choses.

Payer les autres de mots, se payer de mots, façons de s'exprimer fort anciennes, dont nous voudrions affirmer qu'elles sont désormais dans la langue et le dictionnaire un simple souvenir, sans la moindre application possible au temps présent. Il n'en est rien, et ceux qui usurpent le beau nom des savants ne parlent pas, n'agissent pas autrement que la foule. Bornons-nous à un seul exemple. Est-il un mot dont on fasse, à propos et hors de propos, dans les sciences et dans la vie ordinaire, un plus fréquent usage que celui de *force* ? On ramène tout à des forces simples, composées, opposées, combinées, vives, latentes; on va répétant sans cesse que rien ne se peut diminuer de la force totale, qu'il y a toujours dans le monde la même somme de force. Est-on bien sûr, quand on énonce avec solennité ces magistrales formules, de savoir au vrai ce qu'on dit, de mettre dans la force exactement tout ce qu'elle contient, et de n'y pas mettre ce qu'elle ne renferme pas? Qui songe à imiter Leibnitz, à chercher, à son exemple et par les chemins qu'il a suivis, le sens vrai, complet, autant qu'il est donné à l'homme de le connaître, d'un mot qu'on a sans cesse à la bouche? C'est la philosophie qui le lui révéla, cette philosophie à la fois très simple et très profonde qui ne cesse d'interroger l'âme humaine, et de lui demander des réponses qu'on ne donne pas ailleurs avec la même clarté. Le grand philosophe ne tardait pas à découvrir en lui, avec une suprême évidence, dans l'exercice de sa volonté, dans la vie de son âme, dans l'activité du moi, ce que la nature et les sciences abstraites lui montraient confusément. Encore une fois, qui songe à l'imiter et à se rendre un compte exact, à la lumière de la conscience, d'une foule d'expressions aussi usitées qu'elles sont peu comprises ou employées mal à propos ?

Aujourd'hui, c'est le *mouvement* qui commence à détrôner la force ; il explique tout, tient lieu de tout, il dispense de penser. Le mouvement a remplacé les *fluides,* comme les fluides avaient remplacé les quatre *éléments*. Si la fortune des fluides magnétique, électrique, nerveux, a été rapide, brillante, en revanche elle menace de bien peu durer ; on l'attaque, on l'ébranle ; on prie, on presse les fluides de se retirer : place au mouvement, tout est mouvement ici-bas. Peut-être la découverte n'est-elle pas si récente ; elle est presque aussi jeune que le monde lui-même et contemporaine des premières théories philosophiques. Mais que la formule soit vieille ou qu'elle soit d'hier, sait-on mieux ce qu'est en soi le mouvement ? Peut-on le concevoir sans un objet, sans un être dans lequel il se manifeste ? Est-il le mouvement de rien ? ou est-il le mouvement de quelque chose, comme il est assez probable ? Mais cette chose, à son tour, qu'est-elle ? quelle est sa nature ? Voici donc revenir toutes les questions de substance, de principe, de cause, auxquelles on espérait se soustraire, en répétant sur tous les tons, en encadrant dans toutes les formules un mot, un seul mot, le dernier mot, le vrai mot, le grand mot du mystère. Les mots n'ont pas ce pouvoir ; ils ne suppriment pas les questions, encore moins les résolvent-ils en vertu de je ne sais quel pouvoir magique, analogue aux *qualités occultes* dont on a dit tant de mal autrefois, avec juste raison : reprenons à leur égard notre liberté d'esprit.

« Savez-vous la nouvelle : tout est mouvement; on rend compte de tout par le mouvement. La Science vient d'en prononcer l'arrêt définitif; les savants sont en train de l'annoncer au monde entier. » Et l'ignorant, que ce seul mot, cette formule a mis en possession de la science universelle, de s'endormir dans la douce quiétude d'un esprit satisfait de lui-même et de l'univers. A moins que ce cri ne le réveille : « C'est la lutte pour la vie, notre âge est l'âge de la lutte pour la vie. Malheur à ceux qui s'endorment ; malheur à qui s'arrête ou se repose ! » Ces clameurs, je le sais, Messieurs, ne vous effraient ni ne vous émeuvent, et si une chose vous étonne, c'est de voir une vérité aussi vieille que l'homme acclamée comme une vérité nouvelle. On a beau, pour agir plus fortement sur votre imagination, vous dire la chose en anglais et vous répéter, avec tout l'accent qu'on y peut mettre : « *Struggle for life, — Struggle for life* », les mots anglais n'ont pas plus que les mots français le don de vous convaincre ; surtout ils ne vous apprendront rien que vous ne sachiez depuis longtemps. On viendrait vous annoncer, avec les ménagements les plus délicats, que vous mourrez un jour, qu'il ne faut pas espérer d'échapper à la loi commune, que vous en témoigneriez aussi peu de surprise. A ceux qui se hâteraient d'ajouter : « Mais la vie est bien changée, elle est bien plus dure et plus difficile qu'autrefois », vous répondriez que les ressources sont aussi bien plus grandes et les moyens de lutter plus puissants. Le grand, l'universel changement, avouons-le, c'est celui de nos désirs qui ont passé rapidement de la simplicité à toutes les superfluités, des satisfactions paisibles aux convoitises les plus ardentes. Voilà ce qui rend la vie difficile, douloureuse, tourmentée ; elle ne l'est pas pour ceux qui sont demeurés plus près de la nature. Ils ont, d'ailleurs, pour se défendre et pour vaincre, les armes qu'on trouve en soi, ces vertus qu'on ose à peine nommer aujourd'hui : courage, patience, tempérance, désintéressement, et sans lesquelles pourtant il n'est pas un seul de ces grands lutteurs pour la vie qui soit assuré, je ne dis pas de la victoire, mais du lendemain.

J'abuse, Messieurs, de votre patience, et pourtant rendez-moi cette justice que je suis demeuré fidèle à ma promesse. A peine suis-je sorti deux ou trois fois des étroites limites où je m'étais enfermé, pour emprunter aux sciences un petit nombre d'exemples. Je n'ai parlé ni du progrès indéfini, ni de l'égalité absolue, ni de l'union des peuples et de la paix universelle, ni du laisser-passer et du laisser-faire, ni d'un grand nombre d'énigmes proposées à la sagacité de nos contemporains. C'est leur affaire de les résoudre, c'était la mienne de leur signaler, dans l'ordre des études philosophiques, non pas tous les ennemis de leur liberté, mais quelques-uns d'entre eux : c'est chose faite. Qu'ils s'efforcent donc de posséder leur esprit ; qu'ils ne sacrifient sa liberté ni à des maîtres sans mission, ni à des fantômes sans consistance, encore moins à des mots.

IV.

LA MESURE

Messieurs,

Est-ce bien à l'homme qu'il appartient de louer la Mesure, de l'enseigner, de la recommander, et ne faudrait-il pas qu'un pur esprit descendît du Ciel pour nous en donner des leçons ! Pour nous, enfants de la Terre, presque toujours nous sommes dans les excès, et la mesure dont nous savons le prix, que nous admirons, ne reçoit guère de notre part que de platoniques hommages : nous lui sommes trop souvent infidèles. Au moment même où je me dispose à vous en parler, le regret me vient de n'avoir pas tout dit sur la *Curiosité* et sur la *Liberté d'esprit*, comme si l'on pouvait tout dire dans un sujet aussi vaste, et comme s'il ne fallait pas savoir s'imposer des limites et se mesurer l'espace. Heureusement le vers de Boileau me revient à la mémoire :

<blockquote>Qui ne sut se borner ne sut jamais écrire.</blockquote>

J'y souscris donc, et vous crois, messieurs, comme je crois mes lecteurs à venir, si j'en ai d'autres que vous, très capables de combler des lacunes de ces Essais, et de deviner, à partir du peu qu'ils renferment, tout ce qu'ils auraient pu contenir. D'ailleurs les caractères de l'esprit philosophique ont entre eux les rapports les plus intimes : ils se complètent, comme les pièces d'un même appartement, et l'on passe de l'un à l'autre avec une extraordinaire facilité. En particulier, rien de plus étroitement uni que la *liberté d'esprit* dont je vous entretenais il y a quelque temps, et la *mesure* dont je voudrais vous parler aujourd'hui. Comment concevoir, en effet, qu'un esprit soit libre, et qu'il soit en même temps mal équilibré, facile à troubler, également amoureux de toutes les nouveautés, bonnes ou mauvaises, qui se présentent à lui, ou bien au contraire enseveli dans ses préjugés, en un mot toujours prêt à tomber dans tous les excès ?

Mais ce n'est pas seulement avec la liberté d'esprit que la mesure entretient un commerce de tous les instants ; elle est unie à tant de choses ici-bas, elle est tellement la loi de notre nature, qu'il s'agisse d'affection, de pensée ou d'action, que je désespère de pouvoir vous en parler, sans toucher à l'univers entier. Aussi n'attendez-vous point que j'épuise un sujet sur lequel on pourrait écrire de nombreux volumes : c'est assez pour moi de l'effleurer légèrement, peut-être même sans beaucoup de suite. Les divisions que nous pourrions établir ne manqueraient pas, dans un sujet aussi complexe, de rentrer les unes dans les autres. Nous irons donc un peu à l'aventure : l'essentiel, c'est que, parvenus au terme de cette rapide esquisse, nous soyons, vous et moi, pleinement persuadés qu'il faut aimer, chercher, garder la mesure, pour la seule raison qu'on est homme, et dût-on n'avoir aucune prétention au titre de philosophe !

Il n'est point de vertu, point de faculté, point de qualité d'esprit dont les louanges ne pâlissent auprès de celles que les philosophes, les orateurs, mais surtout les poètes ont prodiguées à la mesure, depuis qu'il y a des écrivains et des Lettres. L'accord est unanime. Pythagore ou l'auteur, quel qu'il soit, des *Vers d'Or*[1], parle comme parleront tous les philosophes ses successeurs. Horace traduit en beaux vers ce que Cicéron

---

[1] Μέτρον δ'ἐπὶ πᾶσιν ἄριστον.

venait d'exprimer dans une prose éloquente. Si le premier concentre sa pensée dans quelques hémistiches bien connus : *Est modus in rebus...*, *In medio virtus*, le second avait dit avant lui de la mesure qu'elle est *quasi chorus virtutum* [1]. Ce n'est pas une vertu renfermée en elle-même, n'ayant qu'un rôle unique à jouer, qu'une fonction à remplir ; elle s'ajoute à toutes les autres vertus, elle les complète, elle les embellit : on peut dire que sans son secours elles ne seraient pas des vertus. Cela est évident pour le *Courage* qui, séparé de la *Mesure,* devient aisément folle audace ou brutale témérité ; — pour la *Justice* qu'elle tempère, quand elle ne se confond pas avec elle, dont elle sauve l'honneur, en lui imposant la loi, complément nécessaire de toutes les lois : *summum jus, summa injuria ;* — pour la *Prudence,* c'est-à-dire pour l'amour du savoir, la recherche du vrai, dont Cicéron demande à la Mesure de réprimer les excès, que Saint-Paul, avec plus de vigueur encore, rappelle à l'observation de la règle : *non plus sapere quam oportet sapere.* Le Père Guénard n'a fait, dans son discours couronné en 1755 par l'Académie française,

---

[1] Cicéron, *de Officiis,* l. I.

que développer, à la lumière de l'histoire, la pensée de Cicéron et celle de l'Apôtre.

Nous sommes, vous le voyez, Messieurs, en plein esprit philosophique, mais où ne serions-nous pas, je le répète, et à quelles digressions que la mesure condamne ne serions-nous pas condamnés dans une étude qui a la mesure pour objet, si nous abordions, même en passant, toutes les questions où elle nous conduit naturellement?

Sommes-nous, par exemple, tentés d'établir entre la *mesure* proprement dite et le *tact* qui en est si voisin, et la *délicatesse* qui en est à peine un peu plus éloignée, les distinctions nécessaires, de faire voir comment on passe de l'une à l'autre, nous voilà tour à tour moralistes ou psychologues. Nous le devenons encore si, prenant une à une, à l'exemple de Cicéron, toutes les vertus grandes ou petites, nous nous efforçons de découvrir ce que chacune d'elles doit à la mesure et le rôle qu'elle y joue. Comment d'autre part toucher à la Logique, sans rappeler que ses règles doivent, comme celles de la Justice, être appliquées avec de certains tempéraments, c'est-à-dire avec mesure, sans ajouter qu'elles diffèrent essentiellement de celles que suit la mesure, par une sorte de divination alternant avec une sérieuse réflexion. Voulons-nous savoir si la mesure a quelque part dans la conduite des choses humaines, c'est l'histoire qu'il convient alors d'interroger : ses réponses, avouons-le sans détour, éveillent rarement la joie dans nos cœurs. Mais sans doute aussi que la poésie et l'éloquence, d'un seul mot les Lettres humaines ont avec elle de certains rapports? Nous y regardons avec un peu d'attention, plutôt pour affermir nos convictions que pour les faire naître, et nous sommes surpris d'y voir la mesure inséparablement unie à la vérité, à la beauté, à la vraie grandeur, de constater que là où elle n'est pas, la beauté ne tarde pas à se flétrir, et la renommée d'un jour ne devient jamais la gloire.

Mais c'est dans les questions de *nature essentielle, d'origine, de fin dernière,* questions dont le vulgaire sait à peine si elles existent, mais pleines d'attraits pour les esprits curieux d'une curiosité vraiment philosophique, que toutes les branches du savoir humain, la métaphysique et la psychologie en premier lieu, semblent se donner rendez-vous. Elles nous disent d'abord que la mesure, à la différence des autres qualités de l'âme qui peuvent, à la rigueur, séparer en elles ou unir faiblement la pensée et l'action, les enchaîne au contraire par des liens étroits. Elle est à la fois et au même moment acte et pensée ; elle se produit au dedans et elle se manifeste au dehors. La Prudence, au sens cicéronien du mot, c'est-à-dire la Science, peut se borner à elle-même, s'enfermer dans son objet et le contempler, sans qu'il en résulte aucun effet extérieur. Le Courage, au contraire, peut, dans le feu de l'action, oublier le sien et n'y plus songer, au moins pour un instant. La Justice elle-même subsiste en son entier, comme disposition habituelle et enracinée de l'âme, alors même qu'elle ne s'exerce pas. La Mesure n'est vraiment la Mesure que quand elle fait voir ses œuvres et qu'elle agit : elle est tout ensemble dans la chose qu'elle produit et dans la volonté de la produire. Supprimez l'un de ces termes, elle devient insaisissable : l'analyse a besoin pour l'atteindre, et la langue pour la décrire, de la voir à la fois dans ces deux éléments. On ne sait pas bien ce qu'elle est, si on la sépare de ce qu'elle fait et de ce qu'elle dit : on ne le sait pas davantage, si on la sépare de la raison qui l'éclaire, que cette lumière soit d'intuition ou de réflexion. Qui dit mesure dit à la fois raison, volonté, action. Supprimer l'un de ces termes, le négliger ou seulement l'isoler, c'est voir autre chose qu'elle, c'est du moins ne plus la voir comme elle est, tout entière.

On ne la connaîtrait pas non plus, si on la séparait de la liberté : on pourrait savoir quelque chose de l'ordre, on ne saurait rien de la mesure.

L'ordre est partout, dans tous les mondes, à toutes les distances, sur notre petite et étroite planète comme dans les plus vastes soleils et les univers les plus lointains : c'est pour notre esprit comme pour notre regard, un attrait de le découvrir, une joie de le contempler. Mais si, dans les mouvements des masses les plus imposantes, il se manifeste avec une constance, une majesté qui nous étonnent, il devient, sous le nom de mesure, une des grandes merveilles de la création. Par la mesure, en effet, telle que nous l'avons tout à l'heure décrite, l'homme fait l'ordre que partout ailleurs il subit : ailleurs il n'en est que le spectateur, le sujet, souvent même la victime, cette fois il en est l'auteur. Or, cette fois ce n'est rien moins que la meilleure et la plus noble portion de son existence ici-bas ; c'est la suite des actes libres qui composent sa vie morale, suite où l'enchaînement est d'autant plus étroit que lui-même il se possède mieux, qu'il agit avec plus de raison et dans une conformité plus parfaite avec l'exemplaire éternel de l'ordre. Car il faut bien le reconnaître : si l'ordre de l'univers physique est sans défaillance, s'il va droit son chemin, le nôtre au contraire dévie assez souvent. La mesure souffre en nous de fréquentes éclipses. Nous lui sommes tour à tour fidèles ou infidèles ; nous nous diminuons, nous nous abaissons par un refus volontaire d'obéir aux lois de l'ordre qui sont celles de la raison, ou bien nous nous élevons, nous grandissons, en leur accordant la soumission qui leur est due. Pour tout dire d'un mot : demeurer dans l'ordre et la mesure, c'est demeurer dans notre nature d'hommes; sortir de l'ordre, c'est sortir de nous-mêmes, c'est mentir à nous-mêmes.

Poussons, si vous le voulez bien, plus avant ; demandons-nous quelle est cette nature de l'homme où la mesure établit un accord tellement parfait entre tous les éléments et tous les pouvoirs, que demeurer dans la mesure, c'est être homme au sens le plus assuré du mot. Ou plutôt sans nous égarer dans des recherches, sans nous perdre dans des analyses qui dépasseraient de beaucoup les limites de ce simple Essai, faisons appel à ce qu'il y a de plus familier, de plus présent à toutes les consciences.

Est-ce que dès nos premières années, et plus tard, à mesure que nous avançons dans la vie, nous ne sentons pas au dedans de nous comme deux impulsions contraires, dont l'une nous provoque à descendre et l'autre à monter? Est-ce que nous ne sommes pas, tour à tour, abaissés par nos sens et nos appétits vers ce qu'il y a de plus grossier, portés par notre raison et par les sentiments qui doublent sa force, vers quelque chose de plus grand que nous-mêmes ! Un jour c'est l'infini, employons l'expression populaire, c'est le ciel qui nous attire, le lendemain c'est la terre qui a toutes nos affections. Que parlons-nous de jour et de lendemain ! C'est à la même heure, dans le même instant, que ces deux impulsions contraires agissent en nous et que nous sommes en proie à ces déchirements. Nous appartenons à la fois à deux mondes : celui qui nous possède présentement ne nous possède jamais si bien que l'autre renonce à tous ses droits sur nous. Les plus détachés de la terre y tiennent au moins par un faible lien ; les plus engagés dans la matière ont encore de temps à autre, — ou ils ne seraient plus des hommes, — un regard ou un soupir vers l'Infini. Il n'en est pas moins vrai que dans un trop grand nombre l'équilibre est rompu, rarement à l'avantage de nos tendances les plus élevées, le plus souvent au profit des appétits et des passions qui ont la matière pour objet. C'est à peine s'il faut parler du premier excès, nous savons tous quelque chose du second. Heureux et rares sont ceux qui aiment la terre sans lui confier toutes leurs espérances, qui jouissent de la vie sans en abuser, du monde sensible sans s'y plonger tout entiers, des affections légitimes sans les exagérer ou les corrompre, de la pensée sans la pousser à des raffinements périlleux, de la beauté sans oublier sa source divine ! Fidèles à la raison, à la loi de l'ordre, ils emploient leur liberté à en assurer l'empire, et comme ils demeurent dans la vérité de leur nature, sans tomber ou du moins sans persister et s'opiniâtrer dans aucun excès, ils sont aussi vraiment des hommes. C'est la mesure qui maintient en eux, et c'est son nom qui exprime ce durable accord, ce rare et merveilleux équilibre.

Un bon moyen de la connaître dans sa nature intime serait, comme M. Flourens l'a dit de l'air, d'examiner ce qui se passe là où elle n'est pas, mais ce moyen d'autres en ont si bien usé, avec tant de sagacité et de pénétration, que nous n'oserions nous hasarder sur leurs traces. Où ils ont moissonné, rien à glaner, pas le plus petit épi à recueillir. Ils ont tout vu, ils ont tout dit : vous devinez que je veux parler des moralistes et des poètes comiques. Une preuve décisive que tous les hommes dans tous les pays ne cessent de trahir la mesure, c'est, dans les littératures anciennes comme dans les littératures modernes, la richesse de ces deux genres qui vivent, en réalité, de nos manquements à la mesure, qu'on les appelle vices, ridicules, travers, ou de n'importe quel autre nom.

Si la France, sous ce rapport, est au premier rang, si sa Littérature prime celle des autres nations, il n'en faudrait pas conclure, sans autre enquête, que nous sommes plus coutumiers des manquements dont je parle, plus enclins à sortir de la mesure : d'autres raisons expliquent cette richesse de deux genres d'ailleurs si agréables. Notre Littérature est une des plus anciennes et des plus fécondes de l'Europe moderne, elle a parcouru déjà plusieurs siècles, et tous les genres y sont largement représentés. Chez aucun autre peuple les relations sociales ne sont aussi faciles, aussi fréquentes, aussi recherchées, et par suite, les fautes contre la mesure plus en relief : nous aimons à les dépeindre et à nous peindre. Quelques-uns d'entre nous, observateurs persévérants et pénétrants, excellent dans ces tableaux où la malice a bien sa part, mais d'où la vérité n'est pas absente. Au temps de la monarchie, la capitale et ses salons, la cour, ses intrigues et ses plaisirs, de nos jours Paris devenu le rendez-vous du monde entier, ses assemblées, ses cercles, ses théâtres ont fourni, dès l'origine, à la critique, et renouvellent incessamment une matière d'elle-même inépuisable. Pour un peintre qui meurt, dix autres prennent aussitôt sa place, et l'on voit approcher le moment où il y aura moins de ridicules à décrire que d'écrivains disposés à en transmettre le souvenir à nos descendants. Pour moi il me suffit, à la rigueur, de ceux qui, au XVII° siècle, avec la modeste prétention de nous faire connaître quelques-uns de leurs contemporains, ont éclairé de lumières si vives l'homme de tous les temps. Il n'est pas un portrait de Labruyère, pas un caractère tracé et animé par Molière, qui ne nous fasse, à l'occasion d'une faute plus ou moins grave, plus ou moins comique contre la mesure, pénétrer plus avant dans la science de l'homme. C'est à leur école que je vous renvoie : loin de moi la prétention d'en ouvrir une, si petite soit-elle, à côté de la leur.

Et toutefois, même après leurs fines et savantes peintures, il y a peut-être encore une place pour ces ébauches grossières qui montrent directement, sans adoucir les teintes, sans ménager la couleur, jusqu'où conduit la mesure violée, outragée, non plus seulement par de simples particuliers, mais par les puissants de la terre et les hommes de génie. Ce que les moralistes et les poètes comiques, nous pourrions dire tous les grands écrivains, nous exposent avec toutes les délicatesses du talent, toutes les nuances de l'art, l'histoire l'étale crûment et sans ménagement à nos yeux, l'histoire des Lettres aussi bien que l'histoire proprement dite. Interrogeons-la, non pas dans les siècles passés où les exemples abondent, et où la mesure oubliée, la modération méprisée, traitée d'indigne faiblesse, assimilée à l'impuissance, remplissent ses annales de violences et de crimes : bornons-nous au siècle présent, il n'est encore que trop riche, et, dans ce siècle lui-même, à la France. Deux exemples illustres, faits de grandeur et de petitesse, de lumière et de ténèbres, de gloire et d'humiliation, deux exemples comme le monde et les Lettres en ont vu rarement, résumeront pour nous tous les autres.

Quel homme a mieux connu et plus profondément ignoré les hommes que Napoléon Ier? Lui qui savait si bien, au début de sa carrière, ce qu'il est raisonnable de leur demander, ce qu'il est permis d'en attendre, la mesure exacte de leurs forces, ce qui est possible et ce qui ne l'est point, on dirait qu'il a plus tard, parvenu de victoire en victoire au faîte de la puissance, perdu le sens et l'intelligence de toutes ces choses. Il n'a su ni mesurer ses desseins à ses forces, ni ménager celles de la France, ni modérer ses passions, ni contenir les convoitises d'une ambition insatiable. A ce génie dont personne ne conteste la puissance extraordinaire, à cet esprit d'une pénétration, d'une étendue, d'une activité incomparables, une vertu a manqué, la Mesure, si voisine de la Justice, qu'elle semble parfois se confondre avec elle. De ses œuvres, les seules qui subsistent sont celles qu'il a conçues à la mesure de l'âme humaine et de l'âme de la nation, en tenant compte de son passé, de ses traditions, de ses aspirations, des lois de la justice éternelle : il ne reste rien des autres. Génie démesuré autant que grand génie, il a dépassé dans ses vastes projets, dans ses rêves insensés les limites que la Providence a fixées aux dominations d'ici-bas, et qu'elle ne leur permet pas de franchir. Un jour, les hommes dont il usait sans trêve et sans merci ont refusé de le suivre et de répondre à son appel. La Nature n'a eu qu'à opposer, une seule fois, aux caprices de sa volonté l'immortelle autorité de ses lois, et tout a disparu de cette domination qui avait grandi sans la mesure et contre elle.

Quelle poésie plus franche, plus sincèrement émue, plus universellement goûtée à ses débuts que celle de Victor Hugo ! Comme ces accents sortis d'une âme qui s'épanchait tout entière, sans rien dissimuler, sans rien forcer, firent promptement oublier la poésie froide, artificielle, savamment ennuyeuse dont on était las, mais qu'on supportait depuis plus d'un demi-siècle, parce qu'on n'en avait pas d'autre ! Dans cette poésie vraiment humaine où le sensible et l'idéal avaient resserré leur union, l'homme du xix° siècle qui est, dans ses traits généraux, l'homme de tous les temps, s'était reconnu, et il s'était applaudi en applaudissant son poète ! Mais combien peu dura cet accord si parfait, combien rapidement s'obscurcit cette lumière si pure, si brillante à son aurore ! Ce que le poète divinement inspiré avait, sans effort, retrouvé dans l'homme et dans son âme, il le chercha bientôt, laborieusement, hors de l'homme, ou dans les aspects inférieurs, dans les formes rares et irrégulières de sa nature ; ce qu'il avait si heureusement uni, lui-même il le sépara. Craignant bien à tort d'épuiser la source où il n'avait fait encore que tremper ses lèvres, il lui préféra la perfide abondance des eaux malsaines et troublées. Ses héros qu'il voulait faire plus grands que la taille de l'homme, il ne réussit trop souvent qu'à les faire emphatiques et ridicules. Génie démesuré autant que génie puissant, il n'atteignit plus qu'à de longs intervalles, la vraie grandeur à laquelle il avait préféré le bizarre et l'extraordinaire. Artiste incomparable jusqu'au dernier jour de sa longue carrière, il ne parvint pas, — la chose est impossible, — à dissimuler, sous l'harmonie des sons et l'éclat des images, le vide ou l'excès d'une pensée que la mesure ne dirigeait plus, qui n'avait plus la nature vraie de l'homme pour objet. Quelquefois cependant il lui arriva, jusque dans ses dernières œuvres, de la retrouver et de se ressaisir aussitôt lui-même : derniers feux d'un génie qui, comme le soleil de Phaëton, dessèche et brûle, au lieu de répandre avec mesure la chaleur et la lumière.

Sans doute il vous est arrivé comme à moi,

Messieurs, dans ces derniers temps où la Littérature classique et les auteurs classiques ont été si vivement attaqués, si habilement défendus, de vous demander ce que signifie ce mot *classique*, et d'où vient aux écrivains classiques la légitime influence qu'ils ont exercée depuis le xvie siècle jusqu'à nos jours, que, grâce à Dieu, ils exerceront longtemps encore sur l'esprit et le cœur des générations naissantes. Non seulement les enfants se trouvent bien d'un commerce qui forme des esprits droits et des âmes viriles, en même temps qu'il rend le goût plus pur et plus délicat, mais les hommes mûrs, loin de rompre avec ces vieux maîtres au sortir du collège, se nourrissent de leurs écrits et les goûtent davantage à mesure qu'ils avancent dans la vie. Est-ce donc qu'ils auraient reçu, en pur don du Ciel, le privilège exclusif du talent ou du génie ? Nul ne l'a jamais dit, et l'histoire entière des Lettres protesterait au besoin contre une affirmation aussi déraisonnable. Elle nous apprend que le talent n'est pas, après tout, si rare, et elle nous montre çà et là, dans tous les siècles et dans toutes les littératures, des génies incultes qui ont ébauché de grandes œuvres, mais auxquels une chose a manqué, pour qu'on puisse les proposer pour modèles et les admettre au nombre des classiques. Cette chose sans laquelle les plus beaux dons deviennent des dons stériles, c'est toujours, c'est partout la mesure. Encore une fois, qu'on ne se méprenne pas sur le sens de ma pensée : la mesure, je le déclare bien haut, n'est pas le génie, mais elle est nécessaire au génie ; elle n'est pas le talent, mais plus encore que le génie, le talent a besoin de la mesure : sans elle il se perd ou il se corrompt.

Rappelez, je vous prie, quelques instants en votre mémoire les orateurs, les poètes, les moralistes, les philosophes du dix-septième siècle. Est-ce que la nature les avait traités plus généreusement que plusieurs de nos contemporains ? Peut-on dire, par exemple, de Victor Hugo, qu'il avait une puissance d'invention moins grande, une imagination moins riche et moins vive, un génie moins élevé que celui de Corneille ? Lamartine n'avait-il pas dans l'âme, et sur ces lèvres où les abeilles de Platon avaient aussi déposé leur miel, de quoi nous rendre Racine et Fénelon ; — Alfred de Musset assez de génie, une inspiration assez profonde, s'il n'en avait pas corrompu, puis tari la source, pour conduire le chœur des poètes à venir ? Mais laissons ces comparaisons qui valent ce que valent des comparaisons, c'est-à-dire peu de chose. Bornons-nous à constater que chez la plupart de ces grands hommes entrés d'hier dans la postérité, la mesure n'est guère ni dans la vie, ni dans l'âme, ni dans la pensée, ni par suite, car tout se tient ici-bas, dans les œuvres qui leur doivent la naissance. En ce siècle de révolutions et d'agitations continuelles, l'homme s'est présenté sous tant d'aspects étranges, inattendus, dans des circonstances si exceptionnelles, qu'on semble avoir perdu la vraie mesure de l'homme. Sans cesse on l'a vu passer d'un excès à un autre excès, d'une fantaisie à une autre fantaisie parfois même d'une folie à une folie plus dangereuse. Aussi l'a-t-on peint rarement dans la simplicité et la dignité de sa nature, dans cette sérénité qui est un caractère de la vraie beauté. Il faut à une société quelque chose de plus stable, de moins fiévreux, plus d'unité dans les convictions, de paix dans les âmes, un lendemain moins douteux, pour qu'elle puisse à nombre égal d'hommes de talent et de génie, enfanter une littérature classique.

C'est le rare bonheur des grands siècles dont Voltaire a mieux que personne déterminé les caractères et dressé la liste, que ces conditions s'y rencontrent, sinon toutes à la fois, du moins en nombre suffisant. Le mouvement des choses humaines n'est alors ni trop précipité, ni trop lent : la paix n'est troublée qu'autant qu'il faut pour tenir les âmes en éveil, et pour nourrir en elles une activité féconde. L'autorité maintient l'ordre sans nuire à la liberté des esprits, et sans qu'ils la sentent, pour ainsi dire. Fatigués des luttes civiles ou religieuses, citoyens ou sujets jouissent, dans un calme profond, des plaisirs de l'intelligence, et l'on ne saurait dire exactement si ce sont les grands écrivains qui forment alors leur public à les comprendre et à les goûter, ou si c'est le public lui-même, amoureux des belles choses, qui donne au génie des poètes et des penseurs une impulsion qu'ils n'ont plus qu'à suivre, avec des avertissements qui les contiennent, des louanges qui les enflamment.

Voyez, par exemple, pour ne pas remonter jusqu'à Périclès et jusqu'à Auguste, ces maîtres du xviie siècle dont nous parlions tout à l'heure. Vous trouverez partout en abondance, dans leurs œuvres, de la pensée, — beaucoup de pensée vraie et profonde, c'est le plus solide de l'homme comme le bon vouloir en est le meilleur, — de l'esprit, mais point pour lui-même et juste ce qu'il en faut, sinon peut-être dans deux ou trois précurseurs du xviiie siècle, pour aiguiser la pensée et la faire pénétrer plus avant, — du cœur, beaucoup de cœur et une émotion sincère, fruit de leur attachement, de leur foi inébranlable aux grandes vérités philosophiques et religieuses. Leur style est simple, sans prétention, parce qu'ils ont le respect du vrai et qu'il n'est pas décent de l'orner sans mesure. Il est souvent éloquent, d'une forte et persuasive éloquence, parce qu'ils aiment les hommes autant qu'ils aiment la vérité. Ils n'ont pas de peine à les entraîner, parce qu'ils sont pleins des choses qu'ils disent, et qu'avant d'être des auteurs, des écrivains, des lettrés, ils sont d'abord et ils demeurent jusqu'à la fin des hommes. Est-il nécessaire de rappeler que la langue elle-même en était à cet âge heureux qui suit l'enfance et précède la maturité, alors que libre des incertitudes de ses débuts, des hésitations de ses premiers pas, souple et facile, formée et non fixée, elle ne permet plus les grands écarts, sans être un obstacle à la liberté du génie. Elle-même est à son vrai point, à sa juste mesure, pour le service de ceux qui savent si bien la mesure de l'homme et des choses.

Avec Voltaire qui les suit immédiatement et qui aurait pu les égaler, — nous ne parlons que de l'écrivain, — l'équilibre est bientôt rompu au détriment de la pensée, au profit de l'esprit qui veut se faire voir et agir de lui-même, au lieu de demeurer au service de la vérité. Souverain par l'esprit qui improvise toujours, et procède par saillies soudaines, qui s'évanouit quand on le soumet à la loi du temps, Voltaire s'habitue à ne plus compter avec celui-ci. Il a hâte d'écrire, hâte d'être le premier dans tous les genres; il oublie qu'une œuvre faite sans le concours du temps ne résiste pas à l'épreuve du temps. La pensée dont on précipite la marche, le poème, la tragédie écloses avant terme ne sauraient fournir une longue carrière, encore moins arriver à la perfection. Aussi les vrais chefs-d'œuvre deviennent-ils de plus en plus rares, ils finissent par disparaître. De séparation en séparation, de retranchement en retranchement, on arrive à remplacer par une nature artificielle où tout se choque et se contredit, la vraie nature humaine, son unité et ses harmonies. Comme on avait d'abord isolé l'esprit, on isole le sentiment sous prétexte de le grandir. Puis vient le tour de la sensation, puis celui de la matière pure, et le siècle qui avait commencé par Voltaire finit par d'Holbach et Lamettrie.

On se tromperait toutefois étrangement sur la chose et le mot qui l'exprime, si on réduisait la mesure à une sorte de juste milieu banal, si on la condamnait, ou plutôt si on condamnait ceux qui lui sont fidèles à ne point s'élever au-dessus des régions moyennes où le talent lui-même a peine quelquefois à demeurer, mais que dépasse le génie. Il est dans notre âme des retraites profondes où la plupart des hommes, soit indifférence, soit impuissance, ne consentent pas à descendre, où d'ailleurs ils ne réussissent pas tous à pénétrer, mais ils aiment qu'on leur en dévoile les secrets et qu'on leur en parle. Ou bien ce sont des hauteurs escarpées que leur paresse refuse de gravir, mais ils écoutent volontiers les hardis explorateurs qui leur disent quelles merveilles leur regard a, de là-haut, contemplées. Pour tout dire d'un mot, sans ambages et sans images, ce n'est pas violer la mesure que s'élever au-dessus du vulgaire et faire ce qu'il ne fait point. La seule chose qui importe, quand on se sépare de lui, quand on entre dans des voies qui ne sont pas les siennes, c'est de mesurer son élan à ses forces, c'est surtout de ne pas entreprendre ce qui dépasse les forces de l'esprit humain. Que chacun donc s'éprouve : le ridicule est là pour punir ceux qui ont trop présumé d'eux-mêmes et qui, pour avoir tenté d'accomplir des œuvres plus qu'humaines, sont tombés au-dessous du commun des hommes.

Proscrirons-nous, par exemple, les savants et les philosophes qu'obsède la recherche de l'unité, unité de l'élément premier, unité de la science, unité du système qui ramène à un seul principe tous les aspects des choses et tous les principes, alors que tous tant que nous sommes, nous portons au fond de nos âmes la marque de l'unité, et que leur désir n'est, après tout, que notre désir! Nous leur demanderons seulement à ces esprits hardis qui sont trop souvent des esprits systématiques à l'excès, — puisqu'ils veulent bien faire pour eux et pour nous ce que nous n'osons tenter, — de mesurer et de ménager leurs forces, de n'induire qu'après avoir longtemps et sérieusement observé, de ne point prendre les rêves de leur imagination pour les inspirations du Ciel, d'admettre même, si ce n'est pas trop exiger d'eux, qu'ils ne sont pas infaillibles, et qu'on peut aller au delà du point où ils se sont arrêtés. Les vastes systèmes des philosophes, les synthèses hardies de quelques savants sont, à le bien prendre, plutôt un hommage rendu qu'un défi porté à la moyenne des esprits, car c'est au génie des hommes supérieurs et non pas à l'étroite capacité des entendements ordinaires qu'il faut demander la mesure de l'homme. Ils en sont l'expression tout à la fois la plus haute et la plus vraie; ils n'ont rien que nous n'ayons nous-mêmes, seulement ils l'ont à un degré auquel nous n'atteignons pas. Nous nous reconnaissons en eux, et dans leurs œuvres, mieux que nous ne nous voyons en nous. Nous devenons à leur suite et avec leur secours, plus hommes que nous n'étions avant d'avoir lié commerce avec eux. Ils ont si peu dépassé la mesure que grâce à eux nous savons enfin tout ce que contient notre âme, et jusqu'où peut aller son espérance. Plus d'une fois même ils lui ont rendu l'inappréciable service de rétablir entre elle et l'Infini le lien que notre indifférence ou notre ignorance avait rompu.

Ils sont rares d'ailleurs, et on les compte aisément dans le cours des siècles, ceux dont les doctrines, les poèmes, les théories, les pensées, — ne vous étonnez point de ce mélange, tout cela vient de l'homme et de son esprit, — n'ont dépassé la mesure ordinaire que pour mieux nous montrer ce que nous sommes et quelle grandeur est la nôtre. Que de vaines hypothèses, que de puériles explications ont précédé, dans le domaine des sciences, les sérieuses observations de quelques Anciens, mais surtout les admirables découvertes de Képler, de Descartes, de Galilée, de Newton! Combien de Franciades, de Henriades, de Petréides ont paru et paraîtront encore, en attendant le chef-d'œuvre qui doit s'ajouter aux quatre ou cinq Épopées dont la gloire incontestée survit aux célèbres disgrâces de leurs maladroits imitateurs! Que de travailleurs persévérants, méritants, aujourd'hui connus des seuls philosophes de profession, ont vu leur renommée d'un jour se fondre et disparaître dans l'immortel éclat dont brillent six ou sept penseurs qui, de Platon à Leibnitz, sont à eux seuls presque toute la philosophie!

Si le Drame est plus riche et si l'on peut

compter, dans toutes les Littératures réunies, anciennes et modernes, jusqu'à quinze ou vingt chefs-d'œuvre dont les auteurs ont fait rendre à l'âme humaine les plus tragiques accents, les plus passionnés, les plus touchants, les plus pathétiques, quelle multitude d'œuvres ébauchées, de drames avortés où notre âme, qui n'y découvrait que le moins vrai et le moins intéressant d'elle-même, n'a goûté qu'un plaisir douteux, bien vite oublié! Seul le génie sait pousser hardiment jusqu'aux extrêmes limites de la pensée, du sentiment, de la passion, sans jamais les franchir. Il nous prouve qu'on peut allier le simple au sublime, l'audace à la mesure : du moins les autres nous font-ils voir, par leurs efforts persévérants pour s'égaler aux maîtres, que l'homme est né pour une grandeur dont le ressort et les éléments sont en lui, alors même qu'il n'y atteint pas.

Je voudrais pouvoir vous dire, Messieurs, que les philosophes ont été, dans toutes leurs Écoles et dans tous les temps, fidèles à la mesure, qu'ils l'ont enseignée, c'était leur devoir, mais que de plus ils en ont donné les modèles les plus parfaits. Par malheur il en est autrement. Au témoignage de Descartes, on affirmait de son temps, et il n'y contredit pas, « qu'on ne saurait rien imaginer de si étrange et de si peu croyable qu'il n'ait été dit par quelqu'un des philosophes[1] ». La tradition de ces excès ne s'est pas interrompue : il s'en est même produit de nouveaux qui tiennent une place honorable dans la longue liste des folies humaines. La première excuse des vrais philosophes, c'est qu'on se plaît à confondre avec eux tous les rêveurs, tous les songe-creux, tous les esprits de travers, et le nombre en est grand, qui s'avisent de dire emphatiquement leur mot, d'exposer prétentieusement leur manière de voir sur l'énigme de notre destinée et sur toutes les questions qui s'y rattachent. Leur parole n'a pas plus d'autorité que leur esprit mal aménagé n'avait reçu de culture. Ce ne sont pas les représentants de la philosophie, mais ceux de toutes les extravagances humaines : ils ne comptent pas dans l'histoire de la pensée. Restent les vrais philosophes dont les fautes contre la mesure ou, si l'on veut, les excès peuvent encore être envisagés à deux points de vue, les uns ayant servi d'une manière indirecte les intérêts de la vérité, les autres ne lui ayant causé que du dommage et des ennuis.

Il n'est pas rare, en effet, qu'absorbés dans l'étude d'une question spéciale, dans l'analyse et l'observation d'une classe particulière de phéno-

---

[1] Discours de la Méthode.

mènes, des philosophes d'ailleurs savants et pénétrants, à force de s'y complaire, en aient exagéré l'importance. Plusieurs d'entre eux ont fini par voir toute la philosophie dans l'objet préféré de leurs études, et la Vérité dans un seul de ses aspects. Là est l'excès, un excès assurément très peu philosophique. Et pourtant la philosophie a profité plus d'une fois de ces recherches appliquées exclusivement, c'est-à-dire sans mesure, à un seul objet, à un canton de son immense domaine : il n'est pas sûr que sans cet excès d'attention elle l'aurait aussi bien connu. Tout l'avantage a été pour elle, mais l'honneur qui devait revenir au philosophe a souffert de l'excès de sa prétention.

Volontiers nommerait-on ces excès des excès passagers, mais il en est de permanents. Nuisibles au bon renom de la philosophie, douloureux à ses amis, habilement exploités par ses adversaires, ils datent des premiers jours et des premiers efforts de la pensée. Aussi audacieuse alors qu'elle était mal éclairée et mal renseignée, elle s'est engagée, loin de la voie véritable, dans des sentiers périlleux où elle aime à s'égarer encore de temps à autre; elle a creusé, sur la route directe elle-même, de profondes ornières où la plus légère inattention l'expose à tomber. Et toutefois ne pourrait-on soutenir que cet effort constant auquel la philosophie est obligée pour résister à tant d'appels trompeurs, pour se maintenir dans la bonne voie sans jamais s'en écarter, l'a rendue plus prudente et plus clairvoyante. Chaque faute où elle est tombée a fortifié la méthode qui répare et celle qui prévient les fautes. Les attaques de ses adversaires et jusqu'à ses propres défaites ont été pour elle, comme pour les armées modernes, une occasion de perfectionner ses armes, c'est-à-dire ses preuves et ses analyses. C'est sur le bord de l'abîme qu'elle en a mieux mesuré la profondeur, et l'imprudence qui l'y avait conduite, le péril qu'elle a couru l'ont prémunie pour longtemps contre tous les périls.

Dispensez-moi, Messieurs, d'exposer à vos regards le tableau peu attrayant des excès où sont tombés, où tombent encore sous nos yeux les philosophes de tous les noms, maîtres, disciples, penseurs ou simples professeurs. Il en est d'étranges : celui, par exemple, qui consiste, de nos jours, à changer les noms anciens, universellement connus et compris, à les remplacer par des noms nouveaux dont le moindre inconvénient est qu'ils nous imposent un travail inutile, dont un danger plus grave est qu'ils répondent presque toujours à une idée préconçue de leurs auteurs. Petits esprits, s'ils s'imaginent qu'on modifie les choses en modifiant les mots qui les expriment, et qu'un terme nouveau, dur et prétentieux, une périphrase alambiquée sont le signe certain d'une idée nouvelle ou d'une découverte! Esprits d'une rare fatuité, s'ils se sont persuadé qu'on les croirait sur parole, et que le monde est plein d'esprits faibles tout prêts à se courber et à les applaudir! Heureusement il en est que ces innovations sans portée n'abusent pas un seul instant, qui résistent à ce charlatanisme des mots forgés à plaisir, comme ils ont résisté à l'excès non moins étrange, d'expliquer par un seul et unique terme, qui changeait tous les quinze ou vingt ans, tant d'énigmes qui sont l'éternel tourment de l'esprit humain.

Au fond c'est peu de chose que ces excès dont la rapide succession prouve qu'ils n'ont pas de profondes racines : un souffle les a fait naître, un souffle les fait évanouir. Autrement redoutables, parce qu'ils sont permanents et ne s'avouent jamais vaincus, les excès qu'on retrouve à toutes les périodes de l'histoire et dont le nom lui-même ne varie guère. Vous les connaissez, et vous n'ignorez pas que la poésie n'a pas craint, dans des jours d'erreur, de se mettre à leur service, de les parer de tous ses charmes. Vous savez ce que signifient ces mots : Idéalisme, Panthéisme, Matérialisme. Peut-être on en pourrait ajouter d'autres, ou bien découvrir en eux et multiplier les nuances : ils demeurent, quand même, les noms des trois grands excès où tombe si facilement la pensée de l'homme, quand elle ne considère qu'un aspect des choses, quand, séduite par une fausse conception de l'unité, elle confond ce qu'il convient de distinguer, quand elle n'aperçoit que la matière ou l'esprit, quand elle nie Dieu ou qu'elle ne le sépare point de ses œuvres.

Seul le Spiritualisme, au lieu de se porter sans mesure d'un seul côté des choses, fait sa part à chacune d'elles. Disons mieux : il consent à voir ce qui est, c'est-à-dire la diversité dans l'unité, Dieu d'une part, l'univers de l'autre, unis et infiniment séparés, la matière irréductible à l'esprit et soumise aux lois de l'esprit, l'âme et le corps constituant, dans une distinction absolue et une pénétration mutuelle, l'unité de la personne humaine, partout la diversité la plus riche et l'unité la plus parfaite dans un monde créé et gouverné par Dieu avec poids, nombre et mesure. Cette mesure est la préoccupation constante des philosophes spiritualistes. Ils la cherchent dans la Nature où elle se montre en caractères visibles pour tous, dans l'âme humaine où elle se révèle aisément à l'observateur attentif, s'il joint le bon vouloir à l'intelligence. Ils la découvrent sans peine et ils la font voir aux autres dans les œuvres de la Littérature et de l'Art; ils s'efforcent de la réaliser dans leur vie et dans leurs discours. Ils l'appellent à leur aide pour défendre la vérité, après avoir cherché et découvert avec elle la vérité, et ils ne l'oublient même pas, quand ils répondent à ses adversaires.

N'ai-je pas ébauché, Messieurs, en m'exprimant ainsi, le portrait d'un maître auquel ressemblent, il est vrai, bien des maîtres du temps présent, ses amis et ses collègues, mais il ne faut louer que les morts. Si M. Caro a manqué à la mesure dans sa carrière de professeur, de philosophe et d'écrivain, c'est en ne ménageant pas assez les forces dont il a fait un si noble emploi : pour tout le reste il lui a été fidèle, d'une fidélité à toute épreuve. Il en a reçu la récompense qu'il méritait : il a fait tout le bien qui était en son pouvoir et il a rempli toute sa tâche, parce qu'il ne s'était pas imposé une tâche au-dessus de ses forces. Semblable à ces généraux qui, sans avoir remporté d'éclatantes victoires, n'ont jamais subi de défaites, il s'est tenu, du commencement à la fin, sur une glorieuse défensive pour laquelle il se sentait né, et s'il est sorti une fois ou deux de ses retranchements, c'est encore pour donner à la défense plus de champ et plus d'efficacité. Dans cette position où il a persévéré sans faiblir durant un quart de siècle, il a repoussé toutes les attaques directes, indirectes, dissimulées, violentes :

il a rappelé à la mesure tous ceux qui s'en écartaient et qui s'efforçaient d'entraîner les autres à leur suite. Aucun excès n'a trouvé grâce devant lui : ni celui de la critique qui détruit ce qu'elle prétend vérifier, ni celui de la pensée qui ne se distingue pas de ce qu'elle pense et absorbe en elle tout ce qui est, ni celui de la matière qui nie l'esprit dont elle porte la marque et subit la loi, ni celui des poètes philosophes qui confondent dans leurs adorations sacrilèges la Nature et Dieu, la Création et le Créateur.

A ceux qui nous conseillent d'en finir au plus tôt avec les misères de la vie par un trépas volontaire, il a rappelé qu'étrangers sans doute aux joies du devoir accompli, aux joies du dévouement, aux joies de la douleur, ils ne connaissent du présent que ce qu'il a de moins réel, de plus éphémère, et qu'ils s'obstinent à ne point voir les immortelles compensations de l'avenir. Aussi inflexible dans ses croyances que mesuré dans son langage, il a su concilier ce qu'il devait aux personnes avec ce qu'on doit à la vérité. Les personnes..., il avait pour elles les égards qu'on accorde à l'erreur sincère ; la vérité..., il aurait cru commettre un crime capital de la diminuer, sous le vain prétexte de la rendre plus acceptable. La mesure a été sa loi, elle a fait sa force, il lui doit le succès de son enseignement.

Irons-nous maintenant, Messieurs, poussant nos recherches jusqu'aux extrêmes limites, nous demander pourquoi ces fautes contre la mesure, pourquoi ces excès dont le monde et l'esprit de l'homme ne cessent de nous donner l'affligeant spectacle, dont les uns ne sont, il est vrai, que des oscillations presque régulières autour d'un point fixe où l'humanité se repose un court instant pour l'abandonner l'instant d'après, dont les autres ne s'expliquent pas si aisément, parce qu'ils n'ont que des effets désastreux sans la moindre compensation. Pourquoi notre raison s'écarte-t-elle ainsi de la vérité qu'elle aime, de l'ordre dont elle sait le prix? Vastes et périlleuses questions dont la profondeur nous effraie, dont le mystère nous semble, à première vue, insondable, mais que, dans tous les cas, la loi même de la mesure nous interdit d'aborder aujourd'hui :

Est modus in rebus, sunt certi denique fines.

Il nous restera, Messieurs, à vous entretenir un peu plus tard du dernier caractère de l'Esprit philosophique : l'amour de l'ordre et de son principe.

V.

L'AMOUR DE L'ORDRE ET DE SON PRINCIPE

Messieurs,

Je crois entendre une réserve très peu favorable à nos réflexions sur la Mesure :

« Dites de la Mesure tout le bien que vous savez
« et que nous ne nions pas ; épuisez en sa faveur
« toutes les formes de la louange ; exhortez-nous
« à la faire régner dans nos actes et dans nos dis-
« cours, nous vous écouterons sans déplaisir. Et
« pourtant vous ne ferez pas que cette objection
« ne s'impose à notre esprit, comme nous voyons
« que le vôtre n'y a pas échappé : mais n'est-il
« pas des circonstances où rien n'est plus légi-
« time que de sortir de la mesure et de la violer ?
« Est-ce qu'il y aurait des hommes de génie, des
« chefs-d'œuvre et des découvertes, — vous en

« êtes d'ailleurs convenu, — si la mesure était
« sans distinction, sans exception, la loi univer-
« selle de tous les esprits? Est-ce que les héroïs-
« mes, les dévouements, et même ces heureuses
« témérités dont l'histoire est pleine, ne sont pas
« comme un défi perpétuel porté à la mesure et
« à l'extrême rigueur de ses principes? »

Pas autant peut-être qu'il paraît au premier abord. — Non, la mesure ne renonce à aucun de ses droits, elle n'efface aucune de ses règles. Ce n'est pas elle qui change, c'est nous qui passons, souvent sans nous en apercevoir, d'un ordre à un autre, d'un ordre inférieur soumis à la mesure, telle que nous avons essayé de la décrire, à un ordre supérieur où la mesure serait de n'en plus avoir, si là encore, conseillère discrète et souvent écoutée, elle n'exerçait plus d'influence qu'elle n'en montre et que n'en découvre une observation superficielle.

Qu'il y ait un ordre supérieur à celui au sein duquel nous pensons et vivons présentement, tous ceux qui ont réfléchi le savent d'une certitude absolue, et la multitude elle-même fait voir par ses jugements, ses sympathies, ses passions, son langage, qu'elle y croit et qu'elle y aspire. N'est-elle point, par exemple, comme fascinée par ceux qu'on appelle, à tort ou à raison, les grands hommes : grands capitaines, grands orateurs, grands poètes, grands politiques, grands conquérants ? Ces derniers surtout ne l'épouvantent jamais assez pour étouffer, à leur égard, son admiration et quelquefois son amour. Tout ce qui la dépasse l'attire, et elle ne cesse de protester par son goût de l'extraordinaire, du merveilleux, par son amour de tout ce qui est ou lui paraît grand, contre cette existence vulgaire où on la croirait ensevelie. Ne disons rien des savants, des poètes dont les audaces, les écarts même, sont trop connus pour qu'on y insiste. Rappelons seulement que tout ce qu'ils ont découvert de plus inattendu, produit de plus beau, ils l'ont découvert ou ils l'ont produit en éclairant ce monde inférieur d'une lumière venue de plus haut, en le dépassant pour le mieux connaître ou pour l'embellir : allons droit aux philosophes. Tous ils savent le prix de l'ordre, et presque tous la distinction des deux mondes où il se déploie. Ils y pénètrent, mais à toutes les distances, à toutes les profondeurs, les uns s'aidant de la seule pensée, les autres appelant au secours de la pensée toutes les forces dont dispose l'imagination, quelques-uns encore mieux inspirés dépensant à ce travail, avec autant de hardiesse que de mesure, tout ce qu'ils sont, tout ce qu'ils possèdent, pensée, amour, volonté : ceux-là seuls savent du Principe suprême de l'ordre tout ce qu'on peut savoir ici-bas.

L'antiquité, les temps modernes sont riches en esprits excellents qui, comme nous le disions de M. Caro, ont défendu avec sagesse, avec mesure, les vérités de l'ordre moral auxquelles ils étaient attachés de toutes les forces de leur raison. Est-ce à eux cependant que va la renommée la plus universelle et la plus durable? Leurs contemporains les ont lus, entendus, goûtés, comme nos successeurs accueilleront et encourageront de leurs applaudissements d'autres maîtres dont la raison éloquente défendra les mêmes vérités attaquées par de nouveaux adversaires. Les érudits et quelques hommes de goût étudieront encore, dans la suite des temps, leurs livres les mieux écrits : ailleurs on ne saura plus rien d'eux. D'où vient donc, que parmi tant de noms injustement oubliés ou connus des seuls savants, quatre ou cinq noms de philosophes demeurent obstinément toujours glorieux, toujours invoqués par les lettrés et les philosophes, par la foule de ceux qui se piquent de quelque culture? Est-ce parce qu'ils sont sans reproche et sans erreur que Socrate, Platon, Aristote, à leur suite Descartes, Leibnitz (nous ne nommons que les philosophes purement philosophes), sont au premier rang des maîtres de la pensée? On ne l'a jamais dit. S'ils nous paraissent si grands, c'est que l'idée d'une grandeur infinie les éclairait et les dominait plus que tous les autres ; c'est que l'audace, mais une audace tempérée par cette mesure d'ordre supérieur dont nous parlions, a fait partie de leur génie. Les polémiques de leur temps, s'ils n'y sont pas demeurés indifférents, ne les ont pas toutefois absorbés. Ils n'ont pas dédaigné les livres, mais ils ont voulu lire aussi dans la nature et dans leur âme. Respectueux du passé, — Descartes fait exception, — ils n'ont pas cru qu'il possédât toutes les vérités, et c'est la Vérité qu'ils ont interrogée pour savoir d'elle-même ce qu'elle est. Conquérants dans le monde de la pensée ils ont, mieux que les conquérants les plus célèbres, gagné leur gloire et ils gardent mieux leur Empire. Où règnent maintenant les successeurs d'Alexandre et de César; mais où ne règnent pas, dans l'univers civilisé, Aristote et Platon, surtout depuis que le christianisme a développé et purifié leurs doctrines !

Je sais qu'on a rangé quelquefois, mais à tort, parmi les maîtres de la pensée, des esprits d'ailleurs bien doués, dont l'audace avait rejeté le frein salutaire d'une mesure acceptée par les plus beaux génies. Gardons-nous de confondre, — qu'on nous pardonne cette comparaison, — les géants avec les dieux, ceux dont le prodigieux mais stérile effort entassait naguère encore montagnes sur montagnes, tandis que, sur les hauteurs de l'Olympe, ceux qu'ils prétendaient remplacer souriaient de les voir s'épuiser en orgueilleux défis pour retomber bientôt dans leur impuissance. L'avenir d'ailleurs se chargera, disons mieux, il s'est chargé d'opérer un discernement facile entre ceux qui, solidement établis à la fois dans le monde visible et dans le monde invisible, ont éclairé le premier des vives lumières du second, et ceux qui, semblables aux dieux des Épicuriens, se sont perdus sur les limites des deux univers, dans des espaces vides, *intermundia*, qui n'appartiennent ni à l'un ni à l'autre. Fichte, Schelling, Hégel, pour ne citer qu'eux, ont du moins fait voir, dans ce siècle qui semblait voué à l'étude des faits dits positifs, que l'esprit humain ne renoncera jamais à s'élever jusqu'à ces hauteurs où il espère trouver enfin, avec le dernier mot des choses, la formule de l'ordre suprême qui domine et unit entre eux tous les ordres d'ici-bas. N'oublions pas d'ailleurs que les positivistes et les transformistes, joignons-y les évolutionistes contemporains, obéissant tous, à leur insu, à la même tendance de notre nature, ou bien ont débuté, comme Darwin, par des idées générales et des conceptions infiniment plus vastes que les faits dont la connaissance leur était rigoureusement acquise, ou qu'ils ont fini, comme Auguste Comte, par un mysticisme aussi nuageux qu'inattendu, lequel n'a pas remplacé, un seul instant, l'antique et solide métaphysique.

On nous pardonnera de passer tout à coup, aidant l'association et son fil parfois si léger, d'œuvres purement philosophiques à un petit livre qu'aimait particulièrement Auguste Comte et où la philosophie se cache discrètement, bien qu'il y en ait beaucoup. La Psychologie, la Morale, la Théodicée, la Logique elle-même y pourraient faire plus que des cueillettes, d'amples moissons. On ne saurait nier que de tous les livres religieux l'*Imitation* ne soit le plus répandu, celui que lisent non seulement les chrétiens, mais les philosophes de toutes les Écoles [1] et même les hommes du monde, le livre auquel on a surtout recours aux heures d'épreuve, quand le besoin se fait sentir des sages conseils, des vraies et intimes consolations. Cet attrait presque universel, ce goût si constant pour le plus modeste des livres ne viendraient-ils pas, — nous laissons de côté les motifs d'ordre purement religieux, — de ce qu'il nous transporte au-dessus de la terre, sans nous la faire perdre de vue, de ce qu'il nous prend

---

[1] Il n'est pas rare que, dans leurs réunions semi-religieuses, certains positivistes anglais fassent précéder de la lecture d'un chapitre de l'*Imitation* le discours que l'un d'eux doit ensuite prononcer.

comme nous sommes, avec nos faiblesses et toutes nos misères, pour nous élever par degrés insensibles au-dessus de nous-mêmes. Dans les états qu'il décrit, dans les tableaux qu'il trace, si généraux qu'ils soient, chacun de nous trouve toujours quelque chose de lui-même, de son passé, de son état présent, de ce qui lui est plus personnel. Les consolations qu'il nous offre, les avis qu'il nous donne, sont justement ceux que réclamait notre malheur ou notre épreuve; les espérances qu'il fait briller à nos yeux sont celles que concevait secrètement, mais que n'osait s'avouer notre esprit. A part l'ordre des *purs abstraits* qu'il ne veut point connaître et dont il ne dit aucun bien[1], il est tour à tour dans tous les ordres, depuis le plus bas jusqu'au plus élevé, et tout ce qu'il va quérir pour nous dans le monde invisible devient aussitôt, pour notre pèlerinage dans le monde visible, une lumière, une force, un appui. Nous sommes si loin de nous perdre sur les hauteurs où il nous élève, et de nous y absorber avec tout notre Moi dans une contemplation sans conscience, que jamais nous ne sommes si maîtres de nous-mêmes, si dégagés des liens qui entravent notre liberté, qu'au jour et au lendemain de ces

---

[1] Livre I, c. 3.

ascensions faites sans que nos pieds aient quitté la terre.

Ainsi le comprenait ce grand poète qui a traduit l'*Imitation* et qui a si bien, dans quelques-uns de ses chefs-d'œuvre, mais surtout dans son *Polyeucte*, marié les deux mondes où notre âme voudrait habiter à la fois, celui qu'elle connaît et celui qu'elle entrevoit, celui où elle jouit et souffre tour à tour, et celui auquel elle aspire comme au séjour de la lumière sans ombre et de la paix sans inquiétude. N'est-ce pas d'ailleurs à unir harmonieusement, autant qu'il est donné au génie de l'homme, à fondre, pour ainsi dire, en un tout parfait, ce que voient nos yeux et ce que notre âme espère, le sensible et l'idéal, qu'aspirent poètes, peintres, musiciens, sculpteurs, tous les amants de l'art et du beau. Les rangs que leurs contemporains, mais surtout la postérité, leur assignent, ne sont-ils pas déterminés par la perfection plus ou moins grande avec laquelle ils ont, dans leurs œuvres, réalisé cette union, but suprême de l'art !

Poètes et artistes vont à leur but par toutes les voies que la nature ouvre devant eux : si la réflexion leur est d'un grand secours, l'impulsion intérieure, qu'on la nomme instinct ou inspiration, leur est plus utile encore. Rarement il leur arrive de se demander quel est en lui-même, dans sa nature propre, cet Idéal qui les dirige et les anime : infiniment petit est le nombre de ceux qui ont nié sa source divine. Hommes de réflexion avant tout, les philosophes, au contraire, s'efforcent de comprendre ce que les autres hommes se bornent à admirer. Ils cherchent les causes, et surtout ils veulent savoir s'il y a une Cause suprême de l'ordre et de la beauté, si elle vit, si elle aime, si elle pense, si elle veut, si elle se confond avec le monde ou si elle s'en distingue. Les plus grands d'entre eux ont affirmé résolument son existence ; ils ont même dévoilé à l'univers reconnaissant quelques-uns de ses attributs : un petit nombre l'ont nié.

Est-ce lassitude d'entendre invoquer son nom par les petits et les humbles ; est-ce amour du nouveau, fût-il l'erreur ; est-ce désir de sonder l'insondable sans recourir au vulgaire bon sens : je ne sais, mais depuis de longues années déjà, une tendance trop nettement accusée de ceux qui croient s'élever au-dessus des autres hommes, en ne pensant pas comme eux sur l'âme et sur Dieu, a été ou de nier qu'il existât un Être suprême, ou de le remplacer par quelque chose qui ne fût pas lui, mais qui fît à sa place exactement tout ce qu'il fait. La liste serait longue, depuis l'*Absolu* jusqu'à l'*Inconnaissable*, des mots inventés par lesquels on a essayé, mais sans y parvenir, de faire oublier son nom. Remarquons, en passant, que la plupart d'entre eux sont simplement les qualificatifs par lesquels l'ancienne métaphysique désignait quelques-uns de ses attributs. L'adjectif est devenu substantif; ce qui n'était qu'un rayon est devenu le soleil tout entier, du moins il le prétend : voilà le fond de tous ces grands changements.

D'autres penseurs, plus fidèles à la raison et au bon sens, ont continué d'affirmer que Dieu existe, et ils ont dit de lui, avec autant d'éloquence que de logique, à peu près ce qu'en avaient enseigné leurs prédécesseurs les plus illustres. Toutefois, plus préoccupés de réfuter leurs adversaires que de faire pénétrer leur doctrine jusque dans les derniers rangs du peuple, ils se sont contentés, à peu d'exceptions près, d'être des savants, des professeurs, des écrivains de talent : ils n'ont pas voulu, à l'exemple des Alexandrins qu'ils connaissent pourtant si bien, devenir des apôtres. Quelques idéalistes enfin, à l'étranger et même en France, sans nier Dieu comme les athées, — assurément ils n'y songent pas, — sans affirmer et démontrer son existence comme la plupart des rationalistes de toutes les nuances, expliquent de nos jours, à l'envi des mathématiciens, l'univers et l'homme par des formules abstraites où Dieu n'est point nommé, bien qu'elles n'aient sans lui aucune valeur. Ils ne le suppriment pas, mais ils le prient d'attendre et ils le mettent à part du monde, son ouvrage : il est vrai qu'ils en retranchent du même coup la réalité et la vie.

Nous n'avons pas à vous entretenir de ces débats, à prendre parti dans ces querelles, ou plutôt notre parti est pris de demeurer jusqu'à la fin fidèle à l'esprit philosophique et de ne nous arrêter qu'au terme extrême où il nous conduit. Ce terme, c'est Dieu, non pas le Dieu-Nature des uns, le Dieu abstrait et presque évanoui des autres, le Dieu qui se confond avec le monde, ou le Dieu qui ne sait rien du monde, pas davantage le Dieu qu'on ajourne ou qu'on sous-entend, mais le Dieu créateur, le Dieu Providence, le Dieu souverainement bon et partout présent, Dieu enfin, au sens à la fois populaire et profond du mot. Sans ce Dieu vraiment Dieu l'esprit philosophique n'aurait plus ni point de départ assuré, ni règle certaine de son discernement, ni sommet auquel il puisse s'élever par degrés insensibles et sûrs. A quelque ordre de connaissances qu'il s'applique, il ne saurait plus s'il a devant lui des apparences fugitives ou des réalités durables, des êtres ou des ombres. Si ce n'est pas une Pensée infinie, éternelle, qui se reflète dans cette magnifique hiérarchie des êtres et des choses, dans ces ordres si exactement superposés et si étroitement unis, si ce n'est pas une Volonté toute puissante qui les conserve après les avoir créés, l'esprit philosophique a perdu sa lumière avec son objet. Il n'a plus rien à chercher, plus rien à discerner, car d'un monde auquel manquerait le Principe de l'ordre, c'est-à-dire au fond l'ordre lui-même, que dire de certain, et quelle science possible de ce qui s'écoulerait incessamment, sans que l'infaillible garantie d'une sagesse et d'une puissance sans limites permit de chercher à cette incessante mobilité des choses son axe immobile, sa cause première, sa raison d'être, et d'affirmer son lendemain ! Ce serait la mort de l'esprit philosophique, et, du même coup, celle de la raison.

L'un et l'autre ont besoin, pour éclairer leur marche, d'une lumière dont la source unique est en Dieu : on la chercherait vainement ailleurs. Mais si la raison de l'homme est dans une dépendance étroite de la raison divine, elle n'est pas, d'une manière moins intime, unie dans la recherche de la vérité à l'amour de la vérité. Ce don purement gratuit de la raison, tant d'efforts qu'on fasse pour s'en rendre compte par d'autres voies, s'explique par un amour désintéressé du Créateur pour sa créature, ou il ne s'explique pas du tout. C'est dire assez, sans qu'il soit besoin d'un long raisonnement, qu'en Dieu la pensée, la volonté, l'amour sont inséparables, et que ces attributs, dans les profondeurs de son être, s'unissent aussi étroitement qu'ils se distinguent. Est-il donc surprenant que dans l'homme, être raisonnable et libre, cette même union de la pensée du vouloir et de l'amour se fasse voir dans tous les états de son âme, dans tous les actes de sa vie, avec les séparations, il est vrai, et les altérations plus ou moins passagères que comporte sa nature d'être contingent et déchu[1].

L'esprit philosophique connaît cette loi universelle des âmes humaines ; il s'y soumet de bonne grâce, et il la fait servir à la découverte de la vérité. Aspirant toujours à quelque chose de plus élevé, il n'a garde de s'attacher à cet ordre inférieur des phénomènes qui ne s'explique pas lui-même, bien loin d'expliquer ce qui le dépasse. Il l'étudie avec le plus grand soin, car il en sait l'importance, et il ne néglige, dans l'ordre des sciences physiques, astronomiques, naturelles, aucun des travaux dont s'honore notre siècle. Mais si, dans cette marche ascendante vers la vérité, il s'arrête, tout le temps qu'il faut, à chaque degré, c'est toujours au degré supérieur que tend son effort, c'est à l'ordre suprême, à son Principe

---

[1] Platon, par une sorte de vague pressentiment, parle presque comme les docteurs chrétiens ; il ne sait pas les vraies raisons, mais il constate les effets et il admet une déchéance originelle.

vivant, qu'il réserve le plus pur de son amour. Dans ce monde où la Providence a tout disposé, esprits et corps, dans une parfaite hiérarchie, les affections se subordonnent comme les connaissances, les premières se rattachant, si éloignées qu'elles en paraissent au premier abord, à l'amour du Bien et du Beau; les secondes se terminant, de vérités en vérités, au Dieu qui est la Vérité même. Cette marche ascendante et parallèle de la pensée et de l'amour, c'est la Dialectique véritable. Les philosophes savent qu'elle ne date pas d'hier, et pourtant il s'en faut que tous lui soient fidèles. Ceux-ci, renonçant de bonne heure à monter plus haut, demeurent obstinément attardés à quelque degré inférieur; ceux-là, corrompant en eux l'amour ou le laissant languir, deviennent incapables d'agir sur ceux dont l'esprit ne s'ouvre point, si leur cœur n'est, en même temps, touché. C'est l'état de ces multitudes avides pourtant de vérité, auxquelles les philosophes sont devenus, de nos jours, à peu près étrangers, parce qu'ils ne parlent plus la langue qu'elles entendraient.

Nous nous arrêtons ici, car nous ne pourrions que nous répéter nous-même, et revenir sur une Thèse qui a été le point de départ de notre carrière philosophique[1]. Nous demandons toutefois

---

[1] La *Méthode morale*, ou de *l'Amour et de la Vertu*

qu'on nous permette d'insister, en finissant, sur une distinction qu'un grand nombre d'esprits connaissent assurément, mais dont ils ne se servent, pour ainsi dire, point. Nous demeurerons d'ailleurs pleinement dans notre sujet : les conclusions auxquelles nous allons aboutir par une autre voie sont précisément celles que nous venons d'énoncer.

Ce ne sont pas seulement les néologismes aussi prétentieux qu'inutiles de certains philosophes modernes qui prêtent à des interprétations fort diverses : ce sont les mots les plus simples en apparence, les plus familiers, dont le sens a besoin d'être expliqué, parce qu'il devient ou plus large ou plus étroit, selon les objets auxquels on les applique. Vouloir, en toute circonstance, leur attri-

---

comme éléments nécessaires de toute vraie philosophie, 1866. — Ce simple *Essai* a seulement indiqué et ouvert la voie où d'autres se sont ensuite engagés avec autant de résolution que de succès. Ce n'est que justice de nommer en première ligne M. Ollé-Laprune dont les deux excellents livres : La *Certitude morale* (1880), — la *Philosophie et le Temps présent* (1890) ont, pour ainsi dire, épuisé la question.

La *Méthode morale* forme aujourd'hui la première partie du livre : *De la Pensée*.

buer exactement la même signification, c'est s'exposer à de graves erreurs. Au nombre de ces termes qui ont à la fois comme un élément fixe et un élément variable, il faut placer en première ligne celui de *démonstration* et celui de *vérité*. Il semble d'ailleurs que l'un des deux appelle l'autre par une sorte d'affinité naturelle : on les voit sans cesse unis dans les livres des savants et des philosophes. Essayons de voir ce qu'il en est par rapport au principe même de l'ordre, et par quelles nuances ils passent, quand ils vont des degrés inférieurs jusqu'au sommet, des faits, des lois, des théorèmes jusqu'à leur Principe.

« Alexandre est passé avec son armée en Asie ; « il a détruit l'empire des Perses ; il est mort à « Babylone, à l'âge de trente-trois ans. — César « a franchi le Rubicon à la tête de ses légions ; il « a été assassiné en plein Sénat. — Napoléon Ier « a été vainqueur à Austerlitz en 1805, vaincu à « Waterloo en 1815 ; il est mort, le 5 mai 1821, « dans l'île de Sainte-Hélène. — Tel général dont « on a beaucoup parlé vient de se donner la mort « à Bruxelles. » — Anciens ou récents, ces faits sont vrais ; on y croit sur le témoignage des historiens ou sur celui des journaux, seule forme de démonstration qui leur soit applicable : c'est à peine même si ce mot trouve ici convenablement sa place.

S'agit-il ensuite d'apprécier ces mêmes faits, de juger dans l'ensemble ou dans les détails la politique d'Alexandre, celle de César, celle de Napoléon, de comparer leur génie militaire, aussitôt les choses vont changer d'aspect. Celui que Boileau et Massillon traitent d'insensé, d'autres poètes, d'autres orateurs le proclament le plus illustre des conquérants et ils épuisent, en sa faveur, toutes les formes de la louange. Il n'est pas rare qu'on élève un jour jusqu'aux nues celui que, dix ans plus tard, on accablera de ses invectives et de son mépris. On s'efforce de démontrer aux autres que soi-même on est dans le vrai, que les partisans de l'opinion contraire sont dans l'erreur. Nous entrons, avec ces questions de faits appréciés, de personnes jugées, dans le vaste champ des opinions dont on dispute, des démonstrations dont les éléments sont aussi nombreux que compliqués, dont la valeur absolue pour les uns, faible ou nulle pour les autres, dépend des lieux, des temps, de l'éducation qu'on a reçue, des préjugés, de la force ou de la faiblesse de l'esprit, de sa liberté ou de son esclavage, de ses lumières ou de son ignorance, ou, ce qui est pis encore, de son demi-savoir.

N'est-ce pas dire assez que l'âme tout entière a sa part et son intérêt dans ces jugements, que la volonté y joue son rôle avec le parti pris des

L'AMOUR DE L'ORDRE ET DE SON PRINCIPE. 189

uns, la mobilité et l'inconstance des autres, avec l'intelligente et ferme liberté d'un petit nombre, que toutes les affections, toutes les passions s'y rencontrent et s'y opposent : sympathie, aversion, amour, haine, ingratitude, reconnaissance, envie. La liste en serait longue, nous n'essaierons pas de l'épuiser.

La démonstration dans les sciences exactes est infiniment plus simple, on pourrait dire simple comme son objet. Ce n'est plus le vaste champ où se déploie, avec tout son cortège d'affections et de pensées mobiles, relatives, contingentes, la liberté humaine. Si le terrain est solide, s'il ne se dérobe pas sous les pieds, en revanche les limites sont resserrées, l'espace est étroit. Ici, comme d'ailleurs dans toutes les sciences proprement dites, aucune prise n'est laissée aux sentiments et aux passions : la volonté elle-même n'intervient que pour appeler ou fixer l'attention et souscrire avec l'intelligence, par une adhésion presque fatale, à la vérité perçue. Comme cette vérité est la vérité abstraite, et non la vérité vivante, tout ce qui vit en nous s'en désintéresse, à part le pur intellect. Les mathématiques, la géométrie, comme elles n'exercent aucune influence sur nos affections, sur nos mœurs, sur notre liberté, ne reçoivent non plus rien d'elles. C'est la démonstration, si l'on veut, dans son extrême rigueur, mais aussi dans sa nudité, et même dans une sorte d'indigence, au moins quand on la considère par rapport à son objet. C'est encore la démonstration au service exclusif d'un pouvoir particulier de notre âme, et des notions absolues que notre esprit découvre et analyse en lui-même ; ce n'est pas du tout, comme quelques-uns ont tort de l'affirmer, le type accompli, le modèle parfait de la démonstration. Il lui manque, pour cela, d'appliquer toutes les forces de notre âme, toutes les ressources de l'expérience, à la découverte ou à la confirmation de vérités qui contribuent à notre perfectionnement moral et à notre bonheur.

Nous n'avons pas entrepris de passer en revue toutes les formes de la *démonstration,* tous les aspects de la *vérité,* et de les distinguer par leurs caractères particuliers : le travail serait infini, la tâche au-dessus de nos forces. A combien de choses, en effet, ne pourrions-nous pas appliquer ce mot *vérité,* — pour ne point parler de la *démonstration* dont les variétés sont fort nombreuses, — si nous ne craignions de rompre avec le commun usage, et de faire à la langue elle-même une sorte de violence ?

Vérité, par exemple, cette illumination soudaine précédée, j'en conviens, par la connaissance des hommes et les leçons de l'expérience, qui découvre à l'homme politique, aux heures les plus critiques, la ligne qu'il faut suivre, le parti qu'il faut prendre, — au général d'armée sur le point d'entrer en campagne, les desseins de l'ennemi et le plan qui doit assurer la victoire, ou, sur le champ de bataille, la manœuvre qui va, contre tout espoir, la rappeler sous ses drapeaux! Vérité, le trait de lumière qui, au milieu d'une pénible étude de la cause et des faits, dévoile tout à coup à l'orateur le point faible de son adversaire, celui où doit porter l'effort de sa propre parole! Vérité pour l'artiste et le poète la révélation qui, après de longs tâtonnements, des ébauches commencées, abandonnées, reprises, lui fait voir, dans une vive lumière, le dessein de son œuvre, grandes lignes, proportions, action, caractères, et le ravit lui-même au spectacle entrevu des beautés qu'il va mettre au jour! Si ces vérités-là sont, comme j'incline à le croire, malgré les protestations de l'usage, des vérités dignes de ce beau nom (particulières, personnelles, si l'on veut, mais pourtant des vérités), quel concours de toutes les puissances de l'âme, de toutes les leçons de l'expérience ne faut-il pas pour les faire éclore, sans parler de cette divine inspiration qui n'est peut-être, chez l'homme de génie, que l'amour du beau à sa plus haute puissance.

Si la vérité, pour se manifester à notre esprit, réclame un concours d'autant plus actif des forces intérieures qu'elle est plus haute, plus vaste, plus efficace aussi pour notre bonheur, que dire de la vérité qui domine toutes les vérités, la vérité de Dieu? Le mot démonstration, quand il s'agit de Lui, ne prend-il pas un sens plus profond? Démontrer Dieu, c'est, sans doute, établir, par toutes les preuves que les plus beaux génies ont découvertes et fortifiées dans le cours des siècles, la réalité de son existence, mais n'est-ce que cela? Peut-on séparer en Dieu son existence de sa nature, l'idée de Dieu de la connaissance de Dieu? Or cette connaissance comporte un nombre infini de degrés, et, à la rigueur, la démonstration ne serait achevée que si on les avait tous gravis jusqu'au dernier. L'ambition de l'homme ne saurait aller jusque-là : les plus favorisés s'arrêtent ici-bas, les uns plus loin, les autres plus près du but : nul ne l'atteint. Seulement ceux-là s'en approchent davantage qui emploient pour connaître Dieu tout ce qui, en eux, se rapporte à Dieu, montre ou reflète Dieu, vient de Dieu, tandis que ceux-là courent risque de s'en éloigner qui ne connaissent qu'une voie et ne veulent qu'un appui.

La vérité de Dieu ressemble si peu aux autres vérités que notre esprit possède ou qu'il cherche, qu'on est surpris de ne point voir cette distinction plus souvent et plus rigoureusement établie par les philosophes. Ce que les hommes appellent vérité, dans leurs livres et leurs discours, qu'il s'agisse de sciences pures ou appliquées, de l'histoire naturelle ou de l'histoire des sociétés humaines, n'est jamais qu'une partie infiniment petite, qu'un point de vue très circonscrit du vrai : Dieu est la Vérité même. S'il n'était point, aucune vérité ne serait : par suite, tout ce qui est vrai, si on remonte jusqu'à son principe, prouve son existence. De tous les points du monde et de la science, de toutes ses lois comme de toutes les lois et de tous les pouvoirs de notre âme, un chemin s'ouvre jusqu'à lui. Il est bon, sans doute, il est excellent d'insister sur certaines preuves qui semblent plus rigoureuses, plus capables, dans leur sévère énoncé, de satisfaire les esprits les plus difficiles; mais, au fond, ces preuves, quand on les analyse et qu'on en met à nu les éléments, n'ont fait, on le reconnaît sans peine, que condenser et présenter, sous une forme didactique, tout ce que révèlent dans les circonstances les plus différentes, par fragments et parcelles, aux intelligences les plus ouvertes comme aux moins favorisées, la nature et l'esprit, l'expérience et la raison.

Des vérités acquises par les leçons des maîtres, les recherches personnelles, le commerce de nos semblables, les unes s'arrêtent à la mémoire et ne la dépassent pas, les autres pénètrent dans l'entendement à toutes les profondeurs, mais elles sont à peu près sans action sur le cœur et la volonté. Bien différentes sont celles qui atteignant jusqu'au point central de l'âme, parce qu'elles touchent à ses affections les plus nobles, à ses aspirations les plus hautes, à ses intérêts les plus sérieux, au lieu d'en effleurer légèrement la surface, s'unissent à elle et la nourrissent. A plus forte raison l'idée elle-même de Dieu, si elle est pour l'esprit tout ce qu'elle doit être, si, en pénétrant dans l'âme, elle s'unit à toutes ses puissances, cette idée, — ce mot est-il encore le mot propre, — exerce sur elle une action à laquelle rien ne peut être comparé. Elle purifie nos affections à son religieux contact; elle donne à l'amour du bien, par delà toutes les formules abstraites, à celui du bonheur, au-dessus de tous les biens passagers, leur objet véritable, parfaitement bon, parfaitement beau. Elle fortifie la volonté, elle accroît en elle les impulsions généreuses, elle la dirige, sans la contraindre, vers le Bien qui embrasse tous les biens. Elle étend son empire jusque sur les organes du corps qui profitent, c'est un fait d'expérience, du calme et de la force qu'elle communique à l'âme. Pour ceux qui sont arrivés à ce point, l'idée de Dieu n'est plus seulement une notion perçue par l'intelligence, c'est

Dieu connu, manifesté, contemplé dans tout ce que nous sommes, dans tout ce que nous possédons de plus grand, de plus beau, la raison, le cœur, la liberté, la vie elle-même dont il est, pour l'univers entier, esprits et corps, la source unique et inépuisable. C'est aussi Dieu aimé de tout l'amour dont nous sommes capables, imité, comme l'entrevoyait déjà Platon, dans la mesure de nos forces.

A cette vérité de Dieu si peu semblable aux autres vérités qu'on décore de ce beau titre, correspond dès lors une démonstration dont on peut dire, pour mieux faire voir à quel point elle diffère des autres démonstrations, qu'elle est Dieu découvert à toutes les sources de notre être, à l'origine et au terme de toutes nos facutés, Dieu passant d'une présence en quelque sorte latente à une présence effective dans notre âme désormais sûre de lui comme d'elle-même, puisqu'elle se sent vivre, aimer, penser en Lui. Commencée par le bon vouloir et l'amour sincère de la vérité, cette démonstration se continue, à travers toutes les épreuves auxquelles la soumet l'intelligence, par une perfection croissante des dispositions et des facultés qui ont présidé à sa naissance. Les sentiments s'épurent et s'élèvent, à partir d'un premier sentiment qui s'est détaché du périssable et du contingent pour se fixer à ce qui ne passe ni ne meurt. Les actes de bon vouloir s'enchaînent aux actes de bon vouloir, à partir d'une première et ferme résolution d'accepter la vérité, toute la vérité, avec ses dépendances les plus lointaines. Tout homme d'une volonté droite et d'une absolue sincérité, se proclamât-il athée, est sur la route qui conduit à la connaissance de Dieu (j'allais dire qu'il croit en Dieu d'une foi implicite), et il ne manquera d'y arriver que si sa volonté vient à défaillir.

Je vous ai conduits peu à peu, Messieurs, jusqu'au sommet, ou, si vous l'aimez mieux, jusqu'aux extrêmes frontières de l'esprit philosophique. Il s'expose à de lourdes chutes et à mille erreurs, s'il désespère de les atteindre, à plus forte raison s'il nie, lui qu'éclaire avant tout l'idée d'ordre, lui qui est esprit, qu'il y ait une cause intelligente de l'ordre, un principe infini de l'esprit fini, s'il refuse de l'aimer et de conformer son vouloir au vouloir divin. Aussi bien n'est-ce point à vous que je m'adressais, en insistant sur ce dernier point : je connais vos convictions aussi réfléchies qu'inébranlables. Je n'avais pas à les fortifier, encore moins à les faire naître : il me reste à vous remercier de m'avoir suivi, dans les longs détours de ce vaste sujet, avec autant de sympathie que de sérieuse attention.

18 décembre 1891.

TROISIÈME PARTIE

DISCOURS ET PENSÉES

SUR L'ESPRIT

I.

DE L'ESPRIT SOCRATIQUE [1]

Messieurs,

J'ai toujours ambitionné l'honneur de la parole publique. Si elle a ses périls, elle a bien aussi ses attraits et, pour le philosophe, son prix inestimable. Sans doute nous ne sommes plus au temps de Socrate et de Platon, alors que la Sagesse s'enseignait à ciel ouvert, à l'ombre des grands arbres ou sous l'abri des portiques; et pourtant la parole n'a rien perdu de sa puissance pour faire connaître et pour faire aimer la vérité. Elle est tou-

---

[1] Première Leçon du cours de philosophie professé à la Faculté des Lettres de Grenoble, décembre 1871.

jours la voie la plus directe et la plus sûre de l'âme à l'âme, de l'intelligence à l'intelligence, et jamais le livre ou la revue, quelle que soit leur influence, jamais la lettre morte ne remplacera la parole vivante.

Mais il est des lieux où la parole se met plus directement au service de la science et de la vérité. Il est des villes où la tradition du savoir et du goût s'est conservée avec un soin religieux : la France en compte un petit nombre, et Grenoble est l'une d'elles. Son Université dont vous savez mieux que moi l'histoire remonte aux premières années du xive siècle, et depuis lors le nombre des hommes illustres qu'elle a produits, des professeurs qui les ont formés, n'a cessé de s'accroître..
....
....

N'est-ce pas une chose surprenante, Messieurs, que la vérité, une et immuable dans son essence, nous soit communiquée par des interprètes si différents, qu'elle prenne, en traversant nos esprits, les aspects les plus variés, les formes en apparence les plus dissemblables? Ne dirait-on pas que la vérité éternelle s'est voulu donner ici-bas autant de témoins qu'elle a créé d'intelligences capables de la comprendre? L'unité du témoignage se fait bien voir dans l'unité de la raison qui, partout et toujours, enseigne à qui veut l'entendre l'unité de son auteur. Sa variété, à son tour, se manifeste dans la diversité des philosophies dignes de ce nom. Chacune d'elles insiste sur une perfection de l'Être infini, décompose et décrit un rayon préféré de sa lumière, étale à nos regards éblouis quelque trésor nouveau arraché au vaste sein de Celui qui donne sans cesse et ne s'épuise jamais.

De tout temps l'esprit humain, mais surtout l'esprit philosophique qui se complaît à ordonner et à classer, a eu conscience de cette harmonieuse diversité, et l'on a vu des penseurs versés dans la science de l'histoire et dans celle des doctrines, essayer de ramener toutes les écoles et tous les philosophes à quelques types peu nombreux et bien définis. Qui ne connaît les divisions établies et généralement acceptées par les philosophes anciens, celles qui se sont succédé depuis Descartes et Bacon jusqu'à nos jours, mais sans réunir d'unanimes suffrages? Qui n'a entendu célébrer et dénigrer tour à tour la classification que Victor Cousin a cru sincèrement la meilleure, et qu'il a défendue avec une ardeur singulière et une sorte d'intolérance? La pensée humaine devait, bon gré mal gré, avec une monotonie désespérante, passer et repasser sans cesse par quatre phases successives[1]. Le progrès n'était plus en ligne droite vers un but lointain mais déterminé ; c'était comme une marche régulière et fatale autour d'une circonférence : la philosophie tournait sur elle-même, elle n'avançait plus. C'était merveille de voir l'illustre chef de l'école eclectique chercher partout, à toutes les époques de l'histoire la justification de ses principes, découvrir, pour remplir ses cadres çà et là un peu dégarnis, des philosophes inconnus, créer de toutes pièces des réputations que son admirable talent d'écrivain n'a pu fonder à jamais, combler avec d'éloquentes affirmations des vides immenses qu'on n'a pas, après lui, essayé de remplir. L'érudition sérieuse, l'archéologie philosophique ont du moins profité de ce travail auquel M. Cousin dépensa le meilleur de son talent et sa riche imagination : l'entreprise fait honneur à son génie, mais elle a peu servi la cause de la vérité.

Je ne vous parlerai point, Messieurs, de la classification la plus précise, la plus connue, sans doute parce qu'elle ne tient pas compte des degrés

---

[1] Sensualisme — idéalisme — scepticisme — mysticisme.

et des nuances, celle qui partage les philosophes en spiritualistes et en matérialistes : les premiers admettant que le monde visible n'est que l'image ou la copie d'un monde invisible, que partout l'âme ou la pensée pénètre et meut la matière ; les seconds croyant que la matière existe seule et sans partage, qu'elle est devenue peu à peu, par une force interne et singulière, tout ce que nous voyons, qu'elle deviendra tout ce qui doit être. Elle s'est donné tout, jusqu'à l'esprit, jusqu'à la conscience d'elle-même, jusqu'à la pensée de l'infini, que du moins elle entend puisqu'elle la nie et qu'elle essaie de la confondre.

Il n'est point, pour ainsi dire, dans la nature des choses, dans celle de l'homme ou dans celle de Dieu, quelque trait un peu remarquable qui n'ait servi de point de départ, ou qui n'en puisse fournir tôt ou tard, à une classification des philosophes. Comme on a entrepris de tout ramener à l'unité absolue ou de tout disperser dans la variété infinie des éléments, comme on a essayé de tout réduire, dans l'univers physique, au développement de la force ou à la combinaison des mouvements, de fonder un dynamisme ou un mécanisme universel, ainsi a-t-on partagé les philosophes, d'après ces points de vue divers, en catégories différentes et souvent opposées. L'accord n'est pas plus près de se faire, en philosophie, dans les noms et les appellations que dans les idées et les doctrines. On n'a que le choix des drapeaux, mais point celui de la guerre ou de la paix. C'est toujours la lutte, quels que soient le nom du camp et celui des chefs : lutte glorieuse, il est vrai, puisqu'elle est, pour le penseur sincère, la lutte de la vérité contre toutes les formes de l'erreur.

Je ne viens pas aujourd'hui, Messieurs, raconter devant vous ces essais plus ou moins heureux de classifications le plus souvent éphémères. Encore moins ai-je la prétention de les remplacer par une classification nouvelle qu'il me plairait de nommer définitive, et qui durerait peut-être le temps qu'il faut pour l'exposer. Et toutefois j'ai regretté souvent que dans la distribution des écoles et le partage des philosophes, on tînt trop de compte de certaines qualifications abstraites dont le sens n'est pas clair à tous les esprits, et trop peu de ces tendances naturelles, pour ainsi dire invincibles, qui, dans chacun de nous, constituent le caractère au sens rigoureux du mot.

N'est-il pas vrai, en effet, qu'avant d'être, par choix et par réflexion, quelquefois par le bonheur ou le malheur des temps, idéaliste ou sensualiste, dogmatique ou sceptique, spiritualiste ou athée, le philosophe apporte à l'étude de son choix certaines dispositions naturelles qu'il peut cultiver et perfectionner, comme il peut les laisser languir, mais dont il lui reste toujours quelque chose. Nous faisons nos opinions, nous recevons notre tempérament : celles-là sont acquises, celui-ci naît avec nous.

Et je n'entends pas ici, Messieurs, par tempérament une certaine disposition toute physique des organes et du sang, une succession d'effets nécessaires dépendant d'une cause unique, d'un point de départ, germe ou cellule, qui ferait peu à peu le tout du corps à son image et le soumettrait à sa loi. Ce tempérament est celui dont s'occupent les physiologistes et les médecins : je le leur abandonne, aujourd'hui du moins, tout entier. Je ne veux même point vous parler de cet ensemble de tendances primitives, d'habitudes acquises, de nobles sentiments et de vulgaires passions, d'idées saines et de préjugés qui donnent à chaque homme sa physionomie propre et son caractère. Si cela n'est plus de la matière, ce n'est pas encore l'intelligence, et c'est d'elle que je veux vous entretenir. Je n'oublie point sans doute qu'elle ne va jamais seule, qu'aucune fonction de l'âme ne s'exerce isolément, qu'en nous toutes les forces, toutes les facultés conspirent, tous les actes sont solidaires; et pourtant vous m'accorderez que le travail de l'intelligence a ses conditions propres et ses lois, que la vie de l'intelligence n'est pas développée chez tous au même degré, qu'elle ne tend pas au même but et qu'elle n'y va point par les mêmes chemins.

Il est des chercheurs dont la vue fine et courte, dont le regard sans fatigue et sans profondeur observe, décompose les moindres faits de la nature ou de l'âme, guettant au passage, saisissant avec promptitude, fixant avec ténacité. N'essayez point de les élever au-dessus de ce qui se passe : tout au plus atteignent-ils jusqu'à la loi; pour le principe, ou ils ne le voient pas ou ils se récusent. Le relatif est leur domaine; de l'absolu ils ne savent rien sinon qu'on en parle. Pour eux ils ne l'ont jamais vu de leurs yeux, touché de leurs mains, ils n'en peuvent rien dire. Ces hommes sont précieux pour le progrès des sciences. Plus nombreux que jamais dans notre siècle, ils excellent à découvrir et à préparer les matériaux, à les donner de choix et de durée. Le mal commence, quand ces habiles ouvriers veulent parler d'architecture et donner leur avis sur le plan et les proportions de l'édifice. Sortis de leur nature où ils étaient si bien, ils divaguent et ne tiennent plus que des discours étranges. Le silence eût été de leur part sagesse et habileté : il eût fait honneur à leur modestie, laissé tout son prix à leurs utiles travaux. Par malheur ils ont parlé, l'illusion s'est évanouie. Seul le résultat solide, inattaquable, est resté et demeurera, mais la gloire de l'ouvrier est fort compromise.

Bien différente est la nature de ces penseurs dont le regard tourné vers les choses de l'âme s'oublie à les étudier, s'épuise à les contempler, négligeant ou dédaignant le monde sensible et ses merveilles. Les uns plus portés à l'abstraction, plus habiles à saisir les rapports éloignés ou délicats, à découvrir les derniers éléments, en viennent à faire de leurs pensées ce qu'on fait des nombres, et ils les soumettent à des combinaisons plus conformes à la logique abstraite qu'à la vérité vivante. Ils construisent laborieusement un monde idéal qui est bien plus à eux qu'à Dieu, monde d'une apparente grandeur et d'une symétrie compassée. La pensée de l'ordre est pour eux une idée plutôt qu'une lumière : elle les dirige, elle ne les inspire point.

Que cette pensée de l'ordre au contraire (on peut dire d'elle ce que Cicéron a dit de la justice, qu'elle est la reine et la maîtresse des philosophes), que cette pensée éclaire et domine une âme disposée aux méditations solitaires, mais, de plus, éprise du beau, du bien, du vrai, dans laquelle l'image poétique réalise aussitôt l'abstraction, lui donne une forme, une couleur, une vie, où les images s'appellent et se combinent, alors ce n'est plus le système abstrait, décoloré, imposant par sa grandeur; c'est le système paré des couleurs, relevé par les inventions de la poésie : c'est l'épopée philosophique. Ce n'est plus Kant qui analyse, renverse et s'efforce de reconstruire; c'est Platon qui crée, embellit, séduit. L'un, interprète et victime de la pensée pure, s'essaie à découvrir et à retracer les grandes lignes de l'ordre universel, à mettre à nu ses fondements; l'autre, aussi puissant par l'imagination que par la réflexion, communique à nos âmes, avec la pensée vraie qui les éclaire, une étincelle de feu qui le consume. C'est à force d'aimer la vérité qu'il nous la fait connaître et comprendre ; il est peintre, il est poète en même temps qu'il est penseur inspiré. Il l'est par un don de Dieu, par la vertu de sa nature richement douée ; il ne s'est point fait, il s'est seulement agrandi. Il pouvait mépriser le don divin comme il l'a reçu avec reconnaissance ; il pouvait l'enfouir comme il l'a cultivé. Il était de la race des vrais grands hommes, il s'est fait de lui-même l'un des plus grands.

Observer, penser, imaginer, voilà donc les trois pouvoirs principaux dont le philosophe dispose pour s'élever à la vérité. Le nombre est grand des observateurs qui ne dépassent point la simple analyse ou qui vont tout au plus jusqu'au pressentiment de la loi, jusqu'au seuil de la classification rationnelle. La pensée, au contraire, ne peut rien sans l'observation, et dans ses élans les plus impétueux, dans son vol le plus sublime, l'observation est encore son point de départ et son guide. Tel système qui se croit le produit de la pensée pure, et se prend de bonne foi pour une conception *a priori,* fourmille d'emprunts faits à l'expérience, quand il ne lui doit pas tout ce qu'il est. La pensée ne va pas non plus ni bien loin, ni bien vite sans le secours de l'imagination ; mais tantôt celle-ci se livre à regret et ne donne au penseur que le moins qu'elle peut de sa vertu créatrice ; tantôt elle s'abandonne à lui sans réserve, elle l'anime et l'inspire, elle décuple ses forces et son génie. A ceux qu'elle accable de ses dédains et dont elle se joue cruellement, elle ne livre guère que les mots dont ils se contentent et qu'ils combinent à leur fantaisie ou suivant les règles d'une logique abstraite, qu'ils finissent même par prendre pour d'absolues réalités. A d'autres qu'elle traite un peu mieux elle accorde les images, les couleurs brillantes et solides qui font valoir les

14

saines pensées. Elle réserve à ses favoris les hautes conceptions, l'inspiration, la vue constante et la passion de l'idéal ; elle leur donne sans mesure, elle les accable après les avoir comblés.

Que de dangers, Messieurs, quelles sources d'erreurs dans ces tendances souvent exclusives, dans ces faveurs trop ménagées ou prodiguées à l'excès ; et combien l'imperfection naturelle de notre intelligence se fait voir dans les actes mêmes qui devraient, ce semble, nous découvrir le mieux sa grandeur et sa fécondité. Chacun de nous penche, et parfois il tombe du côté des qualités qui le servent et le dominent, qui l'agrandissent et le diminuent tour à tour. Malheureuse condition de l'homme et du philosophe ! Ils se glorifient des richesses qu'ils possèdent, et ils en sont les esclaves ; des qualités qu'ils ont reçues, et ils savent mieux s'en vanter qu'ils ne savent s'en servir. Le don qui leur est accordé leur fait oublier le don d'autrui ; ils s'épuisent à vouloir tirer tout d'eux-mêmes, à ne rien demander qu'à leur talent ou à leur génie. Vainement la nature leur crie qu'elle se partage entre les divers esprits ; qu'elle a fait, dans l'intérêt de tous, cette loi de solidarité, d'échange réciproque, de progrès en commun et par de communs efforts, ils ne l'écoutent point. Ils vont seuls et de l'avant pour s'égarer

DE L'ESPRIT SOCRATIQUE.

bientôt et se perdre sans retour ; ou bien ils grandissent sans mesure et s'élèvent sans appui, pour tomber d'une chute plus lourde et plus honteuse.

Oublions un instant, Messieurs, non pas ces trois aptitudes de l'intelligence humaine qui me paraissent les premières et les plus importantes, mais le danger qu'entraîne le développement exclusif de l'une ou de l'autre d'entre elles. Grâce à Dieu, elles sont loin d'avoir produit toujours les tristes résultats qu'entraîne leur séparation et sur lesquels j'ai peut-être insisté trop longtemps. Les chutes mêmes du génie profitent à l'humanité, à plus forte raison ses patientes analyses, ses conceptions profondes, ses divines créations, et de celles-là l'histoire de la philosophie nous présente à chaque siècle, à chaque page, le merveilleux tableau : vous l'avez maintes fois contemplé.

Peut-être aussi avez-vous découvert, non pas au premier rang et dans la plus brillante clarté, quelques sages moins sublimes dans leurs pensées, moins exclusifs dans l'observation, d'une imagination moins riche, d'un génie moins poétique ou moins inspiré. Et toutefois je ne sais quelle pure et sereine lumière semblait les entourer et se répandre autour d'eux. Un feu doux et paisible brillait dans leurs regards, et pour n'être point la flamme du génie, il n'était guère moins qu'elle vif et pénétrant. Ils laissaient à d'autres le soin de décomposer les choses jusque dans leurs éléments les plus simples ; ils se bornaient à les voir, mais à les bien voir telles qu'elles nous apparaissent, à la taille et dans les proportions que Dieu leur a faites par rapport à notre regard. Ils croyaient à la puissance du raisonnement, mais à la condition que celui-ci ne s'écarterait point des principes et qu'il ne les trahirait jamais. Ils lui défendaient de les perdre de vue, persuadés que leur force est sa force, et qu'il n'a rien que par eux, toujours d'emprunt et pour les servir. Ils jouissaient des œuvres de l'imagination, mais ils se méfiaient de ses écarts et de ses inconstances : ils la croyaient aussi capable d'abaisser nos âmes que de les élever, d'aveugler nos esprits que de les éclairer. Enfin ils savaient, à n'en pas douter, et leur vie, sous ce rapport, témoignait de leur inébranlable conviction, que si la vérité n'est pas bien connue quand elle n'est pas aimée, elle ne sert de rien à l'homme, si elle n'est embrassée par lui avec courage, si elle ne passe de la pensée dans la volonté, si elle ne devient la vertu.

Nombreuse, plus nombreuse qu'on ne croit est la modeste mais utile lignée de ces sages : nous essaierons de le faire voir dans la suite de ce cours. Seul, le plus grand d'entre eux, celui dont ils relèvent et qui a donné son nom à leur école, Socrate, est bien connu et jouit d'une renommée populaire. Son nom est un des plus grands de l'histoire, et il est devenu le modèle, à quelques réserves près, de la vraie sagesse, ennemie des excès, exacte en ses observations sans les pousser à l'extrême, simple et profonde dans ses pensées, calme et puissante dans son imagination, éprise du monde divin jusqu'à la plus ardente passion et pourtant toujours fidèle à l'humanité, dépensant à la servir et à l'élever tout ce qu'elle a de science et de génie, en un mot, si parfaite qu'on a pu compter Socrate parmi les précurseurs du christianisme, et dire de sa morale qu'elle fut la meilleure avant celle de l'Évangile.

De même que dans le monde physique, et en particulier dans le corps humain, il est des organismes où prédomine une fonction, tandis qu'il en est d'autres où règne un équilibre parfait, ainsi dans le monde des esprits, à côté de ceux où une tendance s'exagère, puissante mais exclusive, on peut voir en quelques autres une merveilleuse harmonie. C'est vers ces derniers, je l'avoue, que je me sens attiré. J'ai besoin de calme, ils m'en communiquent; de sagesse, ils en possèdent, autant qu'il est donné à l'homme, le précieux dépôt. Leur sens droit n'est point ce vulgaire bon sens, ce terre-à-terre qu'on imagine et qu'on leur reproche ; c'est le sens délicat et sûr des réalités visibles, de leurs qualités et de leurs rapports, mais éclairé et fortifié par le sens plus profond des réalités invisibles.

Oui, Messieurs, la mesure, quoi qu'on dise, est une force, *in medio virtus ;* et quand elle est parfaite, elle devient presque le génie : en tout cas, elle est plus utile que lui à l'humanité. Il est plus facile de la dénigrer que de la remplacer, de s'en moquer que de s'en passer, de la contredire en paroles que de lui désobéir en réalité. Poussez si loin, élevez si haut qu'il vous plaira l'observation, la pensée, l'imagination, il faudra toujours chercher leur règle supérieure dans la sagesse qui les unit et les tempère, qui leur interdit l'isolement, qui leur impose la paix, qui réprime leurs écarts, qui relève leur confiance et ranime leur élan. Dieu qui a fait, comme tout le reste, nos caractères et nos tendances, a placé, dans l'ordre intellectuel, à côté des trois pouvoirs à l'aide desquels nous cherchons, nous pénétrons, nous devinons ou ornons la vérité, celui qui les gouverne et les contient tous les trois, sans égaler aucun d'eux dans son degré le plus haut. Ainsi dans la vie des sociétés, la politique d'ordre et de mesure triomphe avec le temps de la puissance et des violences du génie ; ainsi dans la vie des individus, les obstacles que l'intelligence et l'audace ne renversent pas toujours ne résistent point à des efforts plus modérés, mais plus constants. La vérité c'est avant tout l'ordre parfait : elle appartient à ceux qui mettent plus d'ordre et de mesure dans leur âme, dans leurs pensées, dans leur vie.

Et pourtant, Messieurs, ne craignez point que l'esprit socratique qui sera celui de ce Cours me fasse oublier mon temps, ses besoins, ses légitimes aspirations, qu'il me ramène à l'antiquité au point de me faire dédaigner dix-huit siècles de civilisation chrétienne, de glorieux progrès accomplis dans toutes les voies par le travail de l'homme. Socrate sera le point de départ de nos études, il n'en sera pas la fin. Il sera pour nous un guide et une lumière, mais un guide dont nous saurons nous passer quand il le faudra, une lumière empruntée qui ne nous fera pas oublier la source inépuisable et l'éternel foyer de la lumière. Si nous l'étudions durant ces premiers mois dans ses prédécesseurs et dans ses continuateurs, dans ses amis et ses adversaires, si nous essayons d'exposer sa méthode et de résumer sa doctrine, ce n'est point pour le médiocre plaisir de nous dire ensuite que nous la connaissons, ni dans l'absurde dessein de l'imiter en tout servilement. Il n'est pire esclavage que celui de la pensée, quand un homme, cet homme fût-il un maître, soumet entièrement notre esprit au sien, quand il efface et fait disparaître en lui notre personnalité. La philosophie se propose, elle ne s'impose pas; elle s'adresse à la raison, elle n'essaie point de la remplacer. En chacun de nous, celui qui décide en dernier ressort, c'est le maître intérieur[1]. C'était celui de Socrate ; et si nous le prenons aujourd'hui pour guide, c'est que ce maître a rendu par sa bouche ses oracles les moins équivoques, dans les temps du moins qui ont précédé le christianisme.

Revenir aux leçons de la sagesse, aux enseignements de la morale, à la science trop négligée qui enseigne à gouverner et à bien employer sa vie, n'est-ce pas, Messieurs, à l'heure présente, le premier devoir du philosophe. Laissons pour un instant la science à ses recherches, à ses analyses et à ses expériences. La philosophie s'est trop inquiétée de quelques affirmations sans fondement que la science elle-même se chargera de

---

[1] Voir plus loin : *De la Lumière intérieure.*

réfuter un jour. Pour moi, j'ai toujours cru qu'on pouvait sûrement en appeler de la science à la science, de la science fausse et précipitée dans ses conclusions à la science exacte dans ses recherches, prudente et réservée dans ses affirmations. Est-ce que la vérité peut contredire la vérité? Est-ce que le monde que les anciens nommaient une harmonie n'est pas un tout parfait, plein de beauté, d'ordre et de proportions; et puis-je supposer que la science doive contredire sérieusement la conscience, que le monde moral soit séparé par un abîme du monde matériel? Ah! bien plutôt croyons, comme il est vrai, à l'accord de toutes ces choses, à l'étroite union de la philosophie et de la science, de la raison et de la foi, de la pensée et de l'amour, de la vérité et de la vertu.

La vertu, Messieurs :... c'est d'elle que nous avons besoin; il nous faut, d'un commun effort, la réveiller et la ranimer. Elle seule nous rendra ce que nous avons perdu, ce que nous retrouverons seulement par elle, ce que nous ne garderons pas sans elle. A l'école de Socrate nous apprendrons, si nous les avons oubliés, les devoirs qui sont l'honneur et la force de l'homme. Socrate fut courageux autant qu'il fut sage; il fut le modèle accompli du père de famille et du philosophe, du soldat et du citoyen. Plus d'une fois il combattit au premier rang et se retira le dernier du champ de bataille; il résista sans peur et sans insolence aux trente tyrans, alors que tous pliaient et s'humiliaient devant eux ; il enseigna et réforma la jeunesse jusque dans les bras de la mort; il mourut pour assurer aux lois plus d'obéissance et de respect. Quels enseignements dans cette vie, quelle grandeur dans cette mort! Quelle école que celle d'un tel maître, et qui se croirait assez sage, assez sûr de lui-même et de sa vertu pour n'avoir rien à lui demander : ni plus de lumière, ni plus de courage, ni plus d'amour de la patrie, de dévouement à son service, de soumission à ses lois !

Messieurs,

Je n'apporte point, dans cette chaire, une philosophie nouvelle et un nouvel esprit : vous auriez raison de vous méfier; loin de là, j'ai nommé celui que je prends pour guide et pour maître. Mes ancêtres sont, avec lui, tous les philosophes qui ont préparé son œuvre et tous ceux qui l'ont continuée. Je vous les ferai connaître, et afin que vous puissiez mieux les juger, je dirai aussi quels furent leurs adversaires. La lumière naîtra de cette opposition, et quand, après avoir traversé cette période de recherches historiques nous arriverons à l'exposé de la méthode et de la doctrine socratiques, aux modifications que lui imposent le progrès des sciences et celui des siècles, votre tâche et la mienne seront plus faciles. Sachant ce qu'on m'a donné, vous comprendrez mieux ce que je vous apporte.

18 décembre 1871.

II.

LE RÈGNE DE L'ESPRIT [1]

Messieurs,

Que penserait-on d'un inconnu, sans réputation dans la science, qui, dans une nombreuse assemblée de physiciens, de chimistes, de géologues, de naturalistes, de médecins, interromprait tout à coup de savantes dissertations sur le monde matériel et ses lois pour s'écrier : « Voici venir le règne de l'esprit : à lui désormais la domination absolue. Vous avez beau faire, vous ne recueillez que ses titres et ne travaillez que pour sa gloire. Le XIXᵉ siècle, s'il est le siècle des

---

[1] Lecture faite dans la séance publique de l'Académie delphinale.

sciences, est plus encore celui de l'esprit. Ses dernières années se termineront par le triomphe éclatant du spiritualisme et la défaite de ses adversaires. »

L'incrédulité du plus grand nombre s'exprimerait par un sourire dédaigneux, quelques-uns hausseraient les épaules; les mieux disposés, les plus indulgents estimeraient qu'un tel langage est hors de saison, et que la réalité présente n'autorise point ces espérances. Mais il se pourrait aussi qu'un membre de la docte assemblée, revenant sur sa première impression, regardât les choses de plus près et finît par découvrir que, malgré les apparences contraires, le règne de l'esprit n'a jamais été plus près d'arriver. Aidons-le, Messieurs, ou plutôt suivons-le dans ses réflexions, sans autre dessein que celui de constater quelques faits méconnus, sans autre espérance que celle de raffermir, s'il se peut, des convictions ébranlées.

On ne saurait, sans admiration, songer sérieusement à l'énorme dépense d'esprit qui s'est faite dans le monde, à partir de la première pensée conçue, de la première découverte accomplie par le premier de nos ancêtres. Les matérialistes anciens et modernes y sont pour leur large part, et depuis Démocrite jusqu'à nos jours on trouverait difficilement des chercheurs plus ingénieux, plus subtils qu'ils ne l'ont été. L'esprit, en effet, ne demande à ses défenseurs que de faibles efforts, et un travail médiocre suffit à la tâche qu'ils se sont imposée : il n'en est pas de même de leurs adversaires. Pour inventer, édifier, étayer un ordre de choses où l'esprit ne fût point, il leur a fallu de tout temps recourir à lui, s'inspirer de lui, le mettre en œuvre au point de le lasser et de le fausser. Ils ont dû, pour donner à leurs systèmes quelque apparence de vie et de vérité, épuiser, si la chose était possible, cette faculté de l'esprit que les poètes ne cultivent guère autant qu'eux, l'imagination. Chacune de leurs prétendues victoires a été, en définitive, une victoire de l'esprit, car pour vaincre sans lui il faudrait renoncer à observer, à raisonner, à penser, à parler, à écrire : ils n'en sont pas là.

C'est, en effet, le privilège de l'intelligence qu'on ne la puisse combattre sans recourir à elle : toutes les attaques dont on la poursuit se terminent à montrer son pouvoir, à consolider sa domination. Il en est d'elle comme des grands faits de l'histoire mille fois éprouvés par les discussions de la critique. Tant de contrôles divers n'ont servi qu'à mieux établir leur authenticité, qu'à les mettre dans une plus belle lumière. Ainsi de l'esprit : manifestée par une foule de chefs-d'œuvre, affirmée par chacune de nos pensées, sa réalité n'est pas mieux établie par ses défenseurs que par ses adversaires. Les raisonnements qu'ils aiguisent contre lui, les objections qu'ils perfectionnent montrent sa force aussi bien que les plus solides apologies. Son authenticité s'accroît toujours plus évidente à chaque discussion nouvelle, et les savants qu'on croirait le plus occupés à le combattre s'emploient en réalité à fonder son règne. Le temps, ce mortel ennemi de tant de choses, en multipliant les œuvres de l'esprit (sans oublier celles de ses détracteurs), ajoute sans cesse à sa vérité de nouveaux témoignages, à son éclat des rayons plus brillants, à sa puissance une force cachée qu'on ne lui connaissait pas.

Le XIXᵉ siècle, Messieurs, n'a pas échappé à la loi commune : peut-être même il l'a vérifiée mieux qu'aucun autre. Je suis loin de contester l'existence et les dangers d'un matérialisme pratique, mortel aux individus et aux nations, mais les savants n'ont pas à sa naissance et à ses progrès la part qu'on leur attribue. Ils peuvent bien lever le drapeau, donner le mot d'ordre : la multitude qui le répète ne sait au fond ce qu'il signifie. Ceux qui abusent de la fortune, de la santé, de tous les dons du ciel, se soucient peu qu'une philosophie matérialiste autorise leur excès ; pour faire du plaisir la loi de sa vie il n'est pas nécessaire de savoir qu'il existe une doctrine du plaisir. Le matérialisme qu'il faudra toujours combattre, alors même que les théories matérialistes n'auraient plus de défenseurs, c'est celui auquel notre nature incline par le seul poids des sens, quand elle cesse de lutter contre le besoin, quand la possession assurée du nécessaire la pousse à convoiter le superflu. Rien n'est si voisin de la jouissance que la corruption, et les nations trop riches des biens d'ici-bas, trop peu soucieuses du bien véritable, n'attendent pas que les docteurs matérialistes leur enseignent que nous n'avons ni âme, ni avenir au-delà de ce monde : elles agissent d'elles-mêmes comme s'il en était ainsi.

Contre ce fléau des peuples civilisés ce n'est pas trop des institutions, des lois, des mœurs, de la philosophie, de la religion, de toutes les forces dont disposent l'âme et la société humaine pour demeurer maîtresses d'elles-mêmes, sans cesser de grandir. Heureux les savants qui apportent à ce viril travail le concours d'observations exactes et de rigoureuses démonstrations! On n'en aura jamais trop pour la défense de la vérité, mais la vérité n'en peut avoir contre elle. Ce serait renoncer à l'usage de la raison que d'imaginer une seule contradiction possible, même la plus légère, entre les vérités que les sciences découvrent et celles qui assurent le bonheur des peuples et celui des individus. Il faudrait n'avoir aucune idée de l'Ordre universel, de ses harmonies, de sa perfection, pour s'imaginer qu'une de ses parties s'oppose à l'autre, et qu'il peut exister le moindre désaccord entre les éléments qui le constituent.

Envisageons donc, Messieurs, avec une confiance sans réserve, le rapide mouvement qui entraîne aujourd'hui les esprits vers des recherches nouvelles, qui les porte à explorer toutes les parties du vaste domaine ouvert par la Providence à notre ambition de savoir. Qu'il y ait çà et là des écarts, de fausses directions et, dans tous les sens du mot, des divagations, ceux qui connaissent la nature humaine seraient surpris qu'il en fût autrement. Si quelques-uns se croient pires qu'ils ne sont et se proclament matérialistes, laissons-les dire que leur esprit ne saurait, par aucun effort d'attention ou de réflexion, concevoir une substance spirituelle. Ils ne font tort qu'à eux-mêmes par ces discours étranges, et ils ne deviennent dangereux que quand le désir les prend de se faire apôtres. Alors même leur funeste influence s'exerce d'abord sur ceux qui ne les avaient pas attendus pour se corrompre.

Pour qui laisse de côté les déclamations nuisibles aux causes qu'elles croient servir, les exceptions nécessaires à la confirmation de la règle;

pour qui, sans se laisser troubler par les apparences, veut pénétrer au fond des choses, c'est bientôt une conviction inébranlable que le travail des savants et des philosophes s'est terminé jusqu'aujourd'hui et se terminera toujours à la glorification de l'esprit. Un illustre philosophe[1] le proclamait, il y a vingt ans, dans un livre auquel il avait donné pour épigraphe : *Spiritus intus alit*. Depuis lors faits et découvertes sont venus, comme à l'envi, confirmer ses conclusions et fournir aux philosophes spiritualistes des arguments décisifs.

L'avouerai-je même : quand je considère, dans son ensemble et sa direction générale, ce grand effort de la pensée à l'époque où nous vivons, au lieu de craindre pour nos contemporains quelque chute douloureuse dans les bas-fonds du matérialisme, je redouterais plutôt de les voir se perdre et leur pensée s'évanouir dans les quintessences de l'abstraction. Non seulement les positivistes les plus connus, ceux qui devaient uniquement, en vertu de leurs principes, regarder passer, décrire et compter les faits, sont les plus empressés à construire de vastes systèmes où l'hypo-

---

[1] M. Félix Ravaisson : *Tableau de la philosophie française au XIXe siècle*.

thèse occupe une large place; non seulement les termes abstraits se multiplient, depuis un siècle, avec une fécondité que le Moyen âge n'a point connue, mais la Science elle-même, puisqu'on est convenu de donner ce nom à l'ensemble des sciences, entre dans une voie qui ne laisse pas d'étonner de timides esprits.

Elle en agit avec nous comme ces enchanteurs dont la baguette ne fait jaillir des mondes nouveaux, tout pleins de merveilles inconnues, que pour les faire plus vite évanouir. Elle nous accable d'abord sous le poids de ces masses de matière, univers sans fin et quelquefois sans nom, près desquels le nôtre n'est qu'un point ; elle nous montre à nous-mêmes, perdus et comme abîmés entre les infiniment grands qui nous écrasent et les infiniment petits qui se dérobent à nos sens. Puis, quand elle nous a laissé tout juste assez d'être et de pensée pour constater notre néant, elle disperse soudain toutes ces masses dans l'impalpable poussière des *atomes*, ou elle les réduit à des *forces* invisibles dont la nature est si déliée, si peu matérielle, qu'on ne voit pas, en vérité, ce qui les sépare de l'esprit. C'est lui qui plane seul sur ces mondes devenus aussi subtils qu'ils étaient grossiers, c'est lui seul qui agit, vit et se transforme : tout le reste a disparu. Ne serions-nous pas sur la voie des théories qui font de la nature

physique une pure illusion, de notre pensée la
seule réalité digne de foi ? Cet excès ne nous plaît
guère plus que l'excès contraire ; mais n'est-il
pas étrange que ceux-là y soient tombés les premiers qui se croient de purs matérialistes ?

Est-ce la doctrine à la mode, le transformisme,
avec les exagérations de quelques enfants terribles, timidement désavoués, qui retardera le
règne de l'esprit, si même il ne le supprime pas
pour toujours ? Qui pourrait le croire, quand on le
voit mettre tant d'esprit dans la nature, multiplier
les forces intelligentes, jusqu'au jour prochain
où, comblant la mesure de ses dons, il la fera
pure intelligence ? Élire, choisir en vue du mieux,
n'est-ce pas discerner, et discerner, c'est-à-dire
découvrir l'ordre et l'entendre, n'est-ce pas un
acte essentiellement raisonnable, n'est-ce pas le
fond même de la raison ? Que serait une *sélection*
aveugle, et que signifierait ce mot aujourd'hui
célèbre, aussitôt démenti par une telle épithète ?
Celle des transformistes l'est si peu, qu'après
avoir relevé de l'ordre et du meilleur, elle s'est
peu à peu soumise à l'influence même du beau.
Ces principes de sélection qu'on juge nécessaires
(on n'en admettait d'abord qu'un seul) ne tarderont pas à se multiplier, au point d'égaler en
nombre les principes de la raison, ou même les
Idées, au sens platonicien de ce mot. Ce qu'on

refuse à l'homme, il faut donc le donner à la nature et lui conférer les privilèges d'une raison qu'on ne veut plus pour soi.

Par une juste punition, ceux qui méconnaissent Dieu, le Père de tous les esprits, ou qui prétendent faire notre intelligence matérielle, sont contraints d'attribuer à la matière le bien qu'ils croient nous ravir. Ce qu'ils désiraient détruire ils parviennent seulement à le déplacer, et leurs efforts aboutissent (le croient-ils eux-mêmes?) à mettre en bas ce qui était en haut, et dans les œuvres de l'esprit la source et la réalité de l'esprit. On peut bien dire aux hommes que le soleil est éclairé par la terre et que toute lumière vient de notre planète. Le premier effet de ces discours étranges c'est d'engager ceux qui les entendent (quand ils ne se bornent pas à provoquer leur sourire), à élever leurs regards vers l'astre qui nous fait vivre, pour admirer une fois de plus sa splendeur et le remercier de ses bienfaits. Tout ce qu'on dit ou écrit contre l'esprit prouve sa puissance, réveille son souvenir, étend sa connaissance, prépare son règne ou l'affermit. A ce titre, et sans parler des observations utiles, intéressantes, qui en ont été le point de départ, le transformisme aura payé son large tribut à la glorification de l'esprit.

Pleinement rassurés du côté de la nature et de

ceux qui en étudient les lois, est-ce l'âme qui nous effraierait dans ce débat dont l'âme est le prix? Est-ce la science de l'âme, la psychologie qui viendrait démentir nos affirmations? Et d'abord il serait surprenant que les délicates analyses, les savantes expériences de tant d'habiles psychologues, dont la France contemporaine s'honore à juste titre, aboutissent à ne point découvrir l'âme sans laquelle leurs travaux n'auraient point d'objet. Eh quoi! l'on aurait depuis cent ans, et de nos jours surtout, en Écosse, en Allemagne, en France, en Angleterre, exalté la psychologie au point d'y ramener peu à peu la philosophie tout entière, pour nier, en fin de compte, qu'il y ait une psychologie et pour lui substituer une physiologie qui ferait de la pensée une fonction supérieure de la matière! Et l'on ne s'apercevrait pas que plus on découvre de faits nouveaux, de rapports à peine soupçonnés, de liaisons et de relations qui s'étaient, on l'assure du moins, dérobées à toutes les recherches, plus on rend visible et sensible en quelque sorte l'unité de la personne humaine, c'est-à-dire la réalité de notre âme! Ou cesserait-on de croire que l'organisation la plus complexe dans ses éléments, la plus vive et la plus prompte dans son action, la plus féconde dans ses effets, appelle aussi le principe ou, si l'on aime mieux, le centre le plus simple et le plus vraiment un? C'est un axiome que les sciences n'avaient jamais contesté : elles lui doivent leurs plus belles découvertes.

Pour nous, nous gardons cette conviction que plus on étudiera l'homme dans son âme et dans son corps, avec toutes les ressources de l'ancienne psychologie, avec celles de la psychologie expérimentale, plus on découvrira en lui de phénomènes oubliés, de ressorts cachés, de forces ou de pouvoirs inconnus (en est-il beaucoup?), plus aussi se manifestera l'unité du principe qui les fait agir de concert, qui nous fait vivre, aimer, vouloir, penser, dans une harmonie merveilleuse et infiniment supérieure aux plus belles harmonies du monde matériel.

Gardons-nous, d'ailleurs, d'interpréter à la lettre quelques propositions malsonnantes dont les auteurs ne pensent pas tout ce qu'elles semblent dire. Tout fiers du résultat de leur travail (nous sommes loin d'en nier la valeur), ils vérifient sans le savoir, eux qui savent tant de choses, une loi de notre nature morale dont les applications sont nombreuses dans le domaine de la philosophie et dans celui des sciences. Ils en sont encore à cette première phase où l'on se félicite d'avoir renouvelé le savoir humain et où l'on dédaigne, avec une outrecuidance naïve, les travaux de ses devanciers. On croit, de la meilleure foi du monde, ne leur rien devoir, et que la science commence seulement, à dater du jour où l'on a commencé d'observer et d'écrire. Plus tard, le premier feu calmé, la première impatience éteinte, on reconnaît avec franchise, on proclame avec loyauté que, dans le champ sans limites du savoir humain, on s'est borné à pousser un peu plus loin l'œuvre de ses devanciers, et l'on consent à laisser quelque chose à faire à nos descendants.

De toute part donc des auxiliaires sur lesquels ils ne comptaient pas, et qui ne songeaient guère à leur rendre ce service, sont venus en aide aux défenseurs de l'esprit. La psychologie nouvelle aussi bien que l'ancienne, celle de M. Ribot aussi bien que celle de Jouffroy et de Garnier nous révèlent sa vraie nature, ses attributs et ses lois. L'histoire de la philosophie les avait précédés dans cette voie pour parvenir au même résultat. Les érudits qui, dès le début de ce siècle, ont fouillé les annales du passé, publié, traduit, commenté les monuments de la pensée humaine, n'ont pas seulement rendu à la science de l'âme de réels services, ils ont préparé les éléments d'une étude (qu'on l'appelle science ou non, peu importe) qui peut s'affirmer aujourd'hui. Fille de l'histoire, sœur de la psychologie, comme eût dit Victor Cousin, elle ne démentira ni son origine ni nos conclusions. Pour qu'elle pût naître il fallait que le règne de l'esprit fût bien proche et son avènement certain.

N'êtes-vous pas, Messieurs, frappés de voir comme en tout ordre de choses où l'intelligence a sa part, Lettres, Politique, Sciences sociales, Sciences proprement dites, Philosophie, vie et transformations des peuples, les théories, la marche des idées, la suite des faits semblent procéder d'un esprit, ou bien aboutir à la formation d'un esprit, et le plus souvent se résumer en un esprit. La lutte des esprits opposés n'est-ce pas au fond toute l'histoire du monde? Je n'aurais, pour le prouver, qu'à vous nommer les esprits qui, de nos jours sont en présence et se livrent de si rudes combats en Europe et dans notre patrie. Est-il, d'autre part, un seul philosophe dont les doctrines, si étendues et si profondes qu'elles paraissent au premier abord, ne puissent se résumer en quelques pensées principales engendrées par un même esprit? N'est-ce pas un usage ancien, conservé jusqu'à nos jours, de condenser en un petit nombre de pages, pour la commodité des lecteurs et des étudiants, ce que d'illustres penseurs ont développé dans de nombreux volumes : tâche d'autant plus facile qu'ils ont eu plus de science, de pénétration et de génie? On n'édite point l'esprit du premier venu d'entre les philosophes, mais celui de Platon, de Cicéron, de saint

Augustin, de Descartes, de Leibnitz. Plus haut encore que ces esprits particuliers, si élevés qu'ils soient déjà, on place leur source commune et leur idéal, l'esprit philosophique. On recherche et on détermine l'esprit d'un siècle, d'une nation, d'une secte, d'un parti, d'une école, d'une loi, d'un livre, d'une institution. Que de travaux excellents ne devons-nous pas, depuis deux siècles surtout, à cette pensée féconde! En un mot, on met l'esprit partout, au-dessus de tout, et il le faut bien, car sans lui on n'a le dernier mot de rien : avec lui, on peut tout résumer, tout comprendre.

Irons-nous donner tort au commun langage des peuples civilisés, contester la valeur et blâmer l'extension d'un mot qu'emploient sans cesse les publicistes, les économistes, les écrivains les plus médiocres et les plus illustres. Ou bien encore ferons-nous cette concession à nos adversaires que l'esprit n'est rien en dehors des doctrines, que celles-ci seules ont une réalité véritable, qu'il est, séparé d'elles, une pure abstraction. Mais on s'empressera de nous faire voir, dans l'ordre philosophique et religieux, l'esprit des écoles et des sectes survivant à leurs théories, infiniment plus vivace et plus tenace qu'elles. On nous objectera le nombre considérable des savants auxquels a fait défaut, en plusieurs circonstances, l'esprit scientifique, des philosophes qui ont négligé d'obéir aux inspirations de l'esprit philosophique.

On discute et l'on discutera longtemps encore sur la doctrine de Socrate, sur sa métaphysique vraie ou prétendue : est-il quelque chose de plus clair et de mieux déterminé que son esprit! Les théories de Platon ont donné lieu à des interprétations diverses; on a faussé, dénaturé, à Alexandrie et ailleurs, ses plus belles conceptions. On n'a rien pu sur son esprit dont les caractères sont demeurés inaltérables à travers les changements qu'on a fait subir à sa doctrine. Les théories passent, se corrompent, se transforment; on dirait au contraire qu'une fois mis dans le monde, à l'heure marquée par la Providence, l'esprit des grands philosophes y est pour toujours. Est-ce que celui de Platon s'éteindra jamais? Est-ce que celui d'Aristote a cessé de lui disputer l'empire? Est-ce que celui de Socrate, leur source commune, plus sûr, plus prompt à se communiquer, n'est pas devenu peu à peu comme un autre nom de l'esprit philosophique? Je parlerais de l'esprit chrétien, si je n'avais résolu de m'enfermer dans les étroites limites de la philosophie et des sciences.

Comment expliquer une telle force de conservation, une telle persistance, sinon par le rapport étroit de ces âmes supérieures avec notre âme?

L'esprit humain qui contient en lui les esprits les plus divers s'est reconnu et contemplé, en quelque façon, dans ces esprits merveilleusement doués dont chacun reproduisait avec une rare fidélité et un éclat incomparable quelqu'un de ses traits. En manque-t-il beaucoup de nos jours pour que le portrait soit achevé? Les luttes, les contrastes, les contradictions, la longue durée des siècles, au lieu de les effacer, n'ont fait que les accuser davantage. Nous les connaissions, nous les admirions depuis longtemps ces esprits supérieurs dont chacun résume une force de l'esprit humain. L'heure n'est-elle point venue de faire mieux encore, de compléter et de vérifier, en les étudiant avec soin, dans leurs caractères et leur développement, les résultats auxquels la psychologie est parvenue en scrutant notre âme à la lumière de la conscience? Ce que plusieurs ne peuvent lire, pour emprunter une image à Platon, dans les *petits caractères* d'une savante et subtile analyse, deviendra clair et sensible à tous dans ces *grandes lettres* qu'on nomme l'esprit des hommes illustres et surtout des grands philosophes. Je ne fais, Messieurs, qu'énoncer une espérance; je n'ai point la prétention de vous annoncer une science nouvelle dont le nom n'est pas même trouvé, dont le cadre n'est pas tracé, dont on peut dire seulement qu'elle est possible, et que son premier chapitre aura pour objet l'esprit philosophique.

Notre siècle a vu les œuvres de l'esprit se multiplier avec une rapidité incroyable ; il a vu les sciences dont l'objet propre est la matière réduire celle-ci, de simplification en simplification, à un état voisin de la pure substance spirituelle, et la théorie contemporaine la plus fameuse lui attribuer comme caractère essentiel ce pouvoir d'élire, c'est-à-dire de discerner qui convient d'abord à la raison. Il a vu la psychologie développer jusqu'à ses dernières limites la science de l'esprit, en prouver la puissance par ses progrès, la richesse par ses découvertes, l'unité par la variété même et l'harmonie des fonctions qu'il exerce, des phénomènes dont il est le théâtre. Peut-être verra-t-il la science de l'homme s'enrichir d'une branche nouvelle, et la psychologie, grâce aux grands esprits qui, dans le cours des siècles, ont chacun, suivant sa nature propre, exprimé plus vivement, plus parfaitement, un trait essentiel de l'esprit humain, nous en donner enfin, après tant de descriptions minutieuses mais inanimées, un portrait complet et vivant.

III.

PENSÉES SUR L'ESPRIT

I.

— Savoir descendre en soi, c'est la moitié de la philosophie. Y demeurer enfermé c'est l'excès ; en sortir et y rentrer à propos, c'est le privilège des sages.

— La science de nous-mêmes commence généralement par celle du prochain, et souvent elle s'en tient là. Cette vive pénétration qui démêle chez autrui d'imperceptibles nuances, et jusqu'aux plus légers défauts, est sujette à d'incurables langueurs, quand il s'agit de nous analyser nous-mêmes. On n'a pas assez de force pour descendre en soi, on en a toujours de reste pour pénétrer chez les autres. La science de l'âme serait encore dans l'enfance, si elle n'était que la science de notre âme.

— ⋅✧⋅ —

— Creusez, creusez toujours ; sûrement vous trouverez le fond, à moins qu'il ne s'agisse de l'esprit humain.

— ⋅✧⋅ —

— D'où vient l'équivoque de ce mot *esprit* qui tantôt est synonyme d'*âme,* et désigne ce qu'il y a de plus grand et de plus noble en nous, tantôt s'applique à ce qu'il y a de plus léger, de plus frivole, de plus éphémère ? Est-ce pauvreté de notre langue qui n'a pas su trouver un mot nouveau pour des états d'âme et de pensée très différents ? Ou bien l'évolution a-t-elle été si lente qu'on ne s'est pas d'abord aperçu du changement, et qu'on a continué de faire honneur à l'esprit de ce qui l'honore le moins, pour descendre enfin à ce qui est tout à fait indigne de lui ? Ou encore a-t-on voulu montrer (s'il pouvait y avoir ici une volonté) que l'esprit, sans changer de nature, peut varier à l'infini ses aspects, que de la surface jusqu'au fond il a tous les degrés, toutes les formes, toutes les nuances imaginables ? — La question vaut peut-être qu'un homme savant s'en occupe.

II.

— L'esprit est la fleur de l'intelligence dont le bon jugement est le fruit. Est-ce trop de dire que sur le même arbre il y a vingt fleurs pour un fruit ?

※

— *Esprit,* fleur délicate dont les odorats grossiers ne parviennent pas à respirer le parfum, prompt d'ailleurs à s'altérer, prompt à s'évanouir.

※

— *Bel esprit, beaux esprits:* il a fallu deux siècles pour que ce mot dépouillât tout à fait son ancien sens, et qu'il en prît un autre assurément moins favorable. C'est bien du temps que ces deux siècles, surtout si l'on songe que rien n'est voisin de l'esprit comme l'affectation de l'esprit.

※

— *Pointe d'esprit,* comme *pointe de gaité,* réveille, ranime, parfois même pique légèrement, mais sans blesser. Elle aide à faire passer les choses sérieuses dans les sujets et les occasions qui la comportent, parfois même à les faire oublier.

— On tient *bureau d'esprit*, mais non pas bureau de raison. L'esprit se détaille et se débite ; il est, pour cela, d'étoffe assez légère, d'ailleurs facile à découper. On en donne, on en vend, on en prête, on en fait part, et il y en a toujours de reste. La raison est d'une seule pièce : impossible d'y faire des parts et de la détailler. On n'en saurait, quelque bonne volonté qu'on y mette, donner tant soit peu à ceux qui n'en ont pas déjà, et qui d'ailleurs ne sachant pas ce qu'elle vaut ne songent guère à en demander.

— *Esprit faux* : mal qu'on a guéri, dit-on, quelquefois, à force de réserve, de silence, d'attention ; *esprit étroit*, mal incurable. L'un manque de rectitude qu'on lui peut rendre, du moins en partie, l'autre de capacité, et personne n'y peut rien.

— *Bonnes gens* ceux qui nous ont prévenus de quelque politesse ou de quelque service ; *gens d'esprit* ceux qui ont goûté nos raisons et se sont rangés à notre manière de voir.

✻

— On dit *trait d'esprit*, mais aussi *trait de folie :* quelque chose de rapide et d'improvisé dans le premier, de rapide aussi dans le second, mais contre la raison que le trait d'esprit ménage autant qu'il est en lui. On ne dit pas trait de bon sens, trait de raison. Ni le bon sens, ni la raison ne s'accommodent de ces précipitations.

✻

— *Esprit brillant, discours pétillant..., livre étincelant d'esprit...:* toujours de l'éclat et des étincelles, mais ni chaleur, ni durée.

✻

— Quand on dit d'un homme placé, par la faute des circonstances, dans une situation difficile et délicate, qu'il s'en est tiré en *homme d'esprit,* on fait honneur à la fois à son esprit et à sa raison. La raison a vu ce qui était le meilleur, l'esprit y a joint l'à-propos de la parole ou de l'action. Les deux ensemble, en y ajoutant parfois un peu de prestesse ou de bonne grâce, ont fait un mélange qui double la valeur de l'esprit et de la raison.

※

— *Travers d'esprit :* le sens est clair, le terme reçu, le mal supportable. On n'en a guère qu'un, deux ou trois tout au plus, et on ne les montre pas à la continue. Ils ont leurs jours, leurs moments préférés que les habiles connaissent et savent éviter ; à moins qu'ils n'en jouissent malicieusement et qu'ils ne se donnent le plaisir assurément peu charitable de faire déraisonner, en touchant le point faible, un homme qui, sur tout le reste, fait bon usage de sa raison.

※

— *Esprit de travers :* terme vulgaire, mais expressif, dit beaucoup dans ces trois mots. Ce serait, avec une périphrase et dans la langue du XVIIᵉ siècle, l'esprit qui prend toutes choses d'un mauvais biais. L'esprit faux ne s'amende ni ne s'aggrave ; il demeure le plus souvent ce que la nature l'avait fait au premier jour. L'esprit de travers peut devenir pire qu'il n'était auparavant : l'amour-propre le développe, la contradiction le pousse quelquefois jusqu'à l'absurde. Il en vient au point que ni sentiment, ni raison, ni habileté, ni force ne peuvent rien pour le redresser.

— « Un homme de beaucoup d'esprit disait un jour... » Exorde par insinuation où l'on met d'abord l'esprit de son côté, non pas le sien, — on pourrait le récuser et se tenir en garde, — mais l'esprit d'un autre qui en est, du moins on l'assure, largement pourvu. Il faut se rendre, car rien de moins impérieux que cette invitation faite au nom de l'esprit à un esprit très capable sans doute de l'entendre. On compromettrait sa réputation d'homme d'esprit à ne point penser comme cet inconnu qui a tant d'esprit.

— Bien peu d'hommes trouvent le mot qu'il faudrait dire, juste au moment où il convient de le dire, la réponse qui coupe court à une malencontreuse question, et met de notre côté les rieurs et le public. On peut se consoler toutefois de n'avoir pas l'*esprit d'à-propos,* et de découvrir le lendemain ce qu'il eût fallu dire la veille, si l'on sait mieux que les autres ce qu'il convient de faire et le parti qu'il est bon de prendre. L'à-propos des répliques, bien qu'il ait son mérite, ne vient qu'après l'à-propos de la conduite.

⚜

— « Il a le tour d'esprit original...; — je le reconnais à ce trait, et telle est bien la tournure de son esprit. » — Serait-ce qu'on ne saurait s'habituer à voir dans l'esprit ce quelque chose d'uni, de droit, d'uniforme, dont on fait le principal caractère de la raison ? Veut-on faire entendre que rien n'est varié dans ses nuances et capable de se tourner dans tous les sens comme l'esprit ? Ou est-ce quelque autre cause de cette façon de dire qu'on n'aurait pas encore trouvée ?

⚜

— Peu d'hommages rendus à l'esprit valent cet adieu du paysan lorrain (est-ce encore celui d'aujourd'hui?) à son fils qu'il envoie, pour un ou deux ans, dans quelque pensionnat de la ville voisine: « Allez, mon fils, allez à la ville apprendre de l'esprit. » L'esprit c'est, pour lui, le savoir, le savoir-vivre, tout ce qu'il imagine de meilleur, ce qu'il n'a pas reçu, à son vif regret, dans sa jeunesse, ce qu'il voudrait laisser à son fils avec cette terre qui porte bien des moissons et fait des corps vigoureux, mais qui seule ne fait pas des hommes, avec tant de soin qu'on la cultive.

— Pour Napoléon Ier, *l'esprit de suite* c'était d'obéir sans résistance et sans délai, d'absorber sa volonté dans la volonté du maître, de ne penser que par lui, de n'agir que dans son intérêt. Pour ceux qui respectent la liberté de leurs semblables, l'esprit de suite, c'est la suite dans les desseins, c'est la fermeté du caractère, la constance dans les épreuves ; c'est surtout l'unité de la vie, dernier trait qui achève une âme.

— La solitude qui fait vivre et grandir la pensée serait la mort de l'esprit: on cesse bientôt d'en avoir quand on n'en a plus que pour soi.

— L'esprit des autres est pour beaucoup dans l'esprit que soi-même on a. Condamnez un homme d'esprit à vivre au milieu des sots, il cessera bientôt d'être un homme d'esprit.

— C'est le signe d'une grande force de volonté et d'une âme bien faite de ne pas abuser de son esprit.

— Eût-on tout l'esprit du monde, on manque d'esprit si l'on n'a pas de bonté.

— La bonté peut, à la rigueur, dispenser de l'esprit, non l'esprit de la bonté.

— Ce serait une merveille qu'on pût être vraiment poli, sans un peu d'esprit et de bonté. Il faut de l'un et de l'autre, si faible qu'en soit l'apport, dans une politesse qui ne se dément jamais.

— Finesse et bonté, finesse d'esprit et candeur d'âme : les plus belles unions du monde et dont il y a des exemples.

— L'esprit prend quelquefois la fleur, et le plus souvent la surface de la pensée : le fond ne lui appartient pas, il n'appartient qu'à la pensée.

— C'est dans la finesse d'esprit que la mesure est plus nécessaire et qu'elle est plus rare.

※

— Il n'est pas nécessaire qu'un esprit soit fin pour qu'il soit juste, mais où manque absolument la finesse, la justesse n'a qu'un champ très limité.

※

— Si grande, si aiguisée que soit la finesse d'esprit, elle découvre, elle pénètre, elle n'invente pas. Les poètes n'en ont pas toujours autant qu'ils voudraient, mais ceux qui analysent le plus finement les œuvres des poètes, s'il leur prend fantaisie de se mesurer avec eux, nous étonnent souvent par la pauvreté de leurs inventions. Autre chose est de mettre à nu les secrets ressorts de l'art, autre chose de les faire agir avec un naturel et dans un concert qui sont l'art lui-même.

※

— La subtilité n'est souvent, en philosophie surtout, qu'un effort de l'esprit tendant à la profondeur qui se dérobe.

※

— La subtilité, chez les plus grands philosophes anciens et modernes, est la rançon de la profondeur. Tous ils l'ont payée plus ou moins, mais elle ne les a guère appauvris.

✼

— Il est bien rare qu'on puisse mettre en trois mots à la fois un jugement juste et un trait d'esprit : où le second tient à l'aise, la place est trop étroite pour le premier. Il ne faut qu'une ligne pour mentir et calomnier ; il faut une page pour rétablir la vérité dans ses droits.

III.

— L'esprit de plusieurs écrivains d'un rare mérite est comme dispersé dans leurs ouvrages souvent fort nombreux : ils l'ont laissé se répandre, ils ne l'ont pas eux-mêmes condensé pour leurs descendants. Au contraire celui des grands philosophes ne se distingue pas de leur doctrine : il y est tout entier sous une forme précise et avec un rigoureux enchaînement. Des premiers on a pu recueillir, dans des livres faits exprès, ce qu'on nomme leur Esprit, tandis que pour les seconds on s'est borné, dans des abrégés plus ou moins fidèles, à résumer leur doctrine.

— Refuser de l'esprit à Voltaire, ce serait supprimer Voltaire ; en attribuer à Platon, à Aristote, à saint Thomas, à Descartes, ce serait leur faire injure. On n'a pas besoin d'avoir de l'esprit, quand on pense avec plus de force que le commun des hommes. Un peu d'esprit n'est pas de trop pour relever les pensées à la surface : il ne peut rien pour les vérités profondes, sinon les ramener à son niveau.

— L'esprit d'un homme d'esprit, et qui n'est rien de plus, est fait, pour une si grande part, des passions, des préjugés, des sympathies, des aversions de ses contemporains, qu'eux disparus il ne tarde pas lui-même à décliner jusqu'à s'évanouir. C'est alors la tâche des érudits, — Dieu sait s'ils s'en acquittent avec conscience, — de le faire revivre, et de nous expliquer des traits d'esprit, des finesses, des sous-entendus, des à-propos dont nous avions perdu l'intelligence.

— Il y aura toujours, en France, un homme d'esprit pour succéder, dans sa royauté passagère, à un homme d'esprit. C'est un trône qui n'est jamais vacant; on s'y asseoit sans trop de peine, on y reçoit de bruyants hommages, on y est, après sa mort, promptement oublié. Dans l'ordre de la pensée, au contraire, les interrègnes sont longs et fréquents. Il est vrai qu'ils sont remplis par le souvenir, et qu'où l'esprit brille un jour, la pensée éclaire et domine jusqu'à la fin.

— Prévenez ceux qui lisent l'*Esprit* d'un homme illustre qu'ils n'ont sous les yeux qu'une part de son esprit, car les liaisons, les rapports, l'à-propos, l'âme enfin n'y sont pas. Qu'ils ne ferment pas, pour cela, le livre, mais qu'après l'avoir parcouru ils aillent à l'auteur lui-même. C'est ici comme pour la pensée des philosophes : d'habiles, de savants critiques peuvent bien nous préparer à l'entendre, mais il faut ensuite la lire dans son texte authentique. Tous les volumes qu'on a écrits sur Platon ne valent pas, pour connaître Platon, un dialogue de Platon.

— Aristote a-t-il possédé à la perfection le genre d'esprit qu'on pouvait avoir de son temps ? — Question indiscrète, inattendue, à laquelle il n'est pas aisé de répondre. Du moins pouvons-nous affirmer que cet esprit, à supposer qu'il existât, ne ressemblait en rien à celui qu'ont fait éclore, dans un milieu fait exprès, les mœurs polies à l'excès de la cour et des salons, de ceux surtout où régnaient les femmes. Leur esprit est pour la moitié, sinon davantage, dans l'esprit tel que le XVIIIe siècle en a vu l'apogée. Il est né quand est né leur crédit, il a baissé avec lui, il ne sera plus bientôt qu'un souvenir.

— Écrivains élégants, salons élégants, femmes à la recherche de toutes les élégances, voilà, au xviiie siècle, les trois sources de l'esprit parmi lesquelles coule, à petit bruit, un mince filet de pensée, juste assez pour que l'esprit ne soit pas uniquement recherche, affectation, futilité.

— Dire de Montesquieu, comme Mme du Deffant, que son livre est de *l'esprit sur les lois*, c'est trop se souvenir des *Lettres persanes*, et c'est n'avoir lu qu'un petit nombre de pages de l'*Esprit des lois*. Juger un tel ouvrage avec un trait d'esprit, c'est lui faire tort, mais aussi c'est faire voir le peu que vaut, en certains cas, un trait d'esprit.

— Il y a un esprit de Montesquieu lequel a beaucoup pensé, mais cet esprit n'est pas de ceux qui se livrent sans résistance : il est trop personnel, et l'effort serait trop grand pour le faire sien. Celui de Voltaire, du Voltaire des mauvais jours, où il entre peu de pensée, où la légèreté domine avec un faux air de bon sens, et une continuelle application à railler tout ce qui est noble et pur, tout ce qui nous dépasse, se communique au contraire avec une extrême facilité. L'esprit voltairien, tel qu'on l'a vu fleurir au début de ce siècle, n'a rien laissé perdre du Voltaire de la pire époque, et il n'y a presque rien ajouté. Solidement établi dans les classes élevées et dans les classes moyennes, on le croyait indestructible, et voici qu'un esprit nouveau qui n'a rien de commun avec lui, un souffle venu du peuple l'a fait rapidement évanouir. Il faut aujourd'hui expliquer aux jeunes gens ce qu'il fut, et il n'est pas si aisé de le leur faire comprendre.

— L'esprit de Voltaire a traversé la Révolution, ses bouleversements, ses tempêtes (comme les poètes ont dit d'Aréthuse transformée en fontaine qu'elle passa, sans que son cours en fût troublé, sous les flots orageux de la mer de Sicile), pour reparaître et jaillir plus abondant aux premiers jours du siècle renouvelé. Mais, à la différence d'Aréthuse, ses eaux, au lieu de féconder la terre, l'ont desséchée et l'ont appauvrie. La poésie, au lieu de chanter, par la bouche d'un nouveau Virgile, leur heureuse renaissance a, pour sa part, contribué à les tarir, en offrant aux générations nouvelles, dans les premiers essais de Lamartine et de Victor Hugo, un breuvage plus agréable et plus sain.

— Esprit de Rousseau fait de pensée et de passion, de pensée où la vérité et l'erreur se côtoient, se mêlent, se confondent, de passion où les sens et, après eux, l'envie tiennent la première place. Un petit nombre d'esprits, dont le moule d'ailleurs n'était pas si différent du sien, ont développé la pensée dans leurs livres et leurs discours ; mais quand ils se sont tu, la foule qui les avait écoutés a pris pour elle la passion que, sans doute, il n'avait pas excitée le premier dans le cœur de l'homme, mais qu'il y a soulevée, comme pas un n'avait fait avant lui.

— Pourquoi ne dit-on pas *l'Esprit* du Pérugin, de Raphaël, de Murillo, de Rubens, de Lebrun, de Lesueur, de Puget, de Canova, et de tant d'autres peintres ou sculpteurs illustres? Faut-il croire qu'ils ont moins pensé, pensé moins librement, avec une conscience moins précise et moins claire de ce qu'ils pensaient ? Est-ce donc *qu'un autre* pensait avec eux, travaillait avec eux, en sorte qu'il est difficile de faire, dans leurs chefs-d'œuvre la part qui est exactement leur part, et celle de cet auxiliaire invisible? Y aurait-il, dans l'art, une manière de penser propre à l'art, qui n'est point celle des philosophes, des orateurs, des grands écrivains, qui ne se prête pas à l'analyse, parce qu'elle est moins suivie et qu'elle se connaît moins elle-même? Quel est le rapport de ces deux formes de la pensée et, par suite, de ces deux esprits? Mais les questions s'enchaînent aux questions, et il n'est que temps de s'arrêter.

— Écrira-t-on jamais l'*Esprit de Phidias*, — l'*Esprit de Michel-Ange*, — l'*Esprit de Léonard de Vinci*? Le livre à la rigueur aurait sa raison d'être, mais même chez ces grands maîtres qui ont si bien pensé, avec une raison si haute et une science si parfaite de l'art, l'esprit n'est point ce qu'il est ailleurs. Le sentiment du beau y est trop vif, trop impérieux, l'Idéal trop resplendissant, pour que les autres clartés ne pâlissent pas devant sa divine lumière.

— Il n'est pas rare qu'un grand esprit fasse voir quelque chose de petit et d'étroit dans la manière dont il défend la théorie scientifique ou le système philosophique dont il a doté le monde. C'est la loi de notre nature qu'elle ne se maintienne pas, sans défaillir jamais, à de telles hauteurs. Mais encore faut-il s'y être élevé pour pouvoir descendre à de passagères petitesses où d'autres parviennent d'emblée, sans effort, sans que rien chez eux puisse les racheter ou les faire pardonner.

— L'Académie française n'est pas seulement la gardienne vigilante de la langue, elle est encore celle de l'esprit français. Ses droits sur l'une et sur l'autre n'ont rien d'absolu, et l'exemple y tient plus de place que la règle ; mais pour être indirects et dépourvus de sanction légale, ils n'en sont pas moins réels et respectés. C'est une autorité d'une nature particulière et dont il n'y a pas ailleurs un autre exemple. On la dénigre et on s'y soumet ; on commence par railler les juges, on finit par solliciter le suprême honneur de s'asseoir, à côté d'eux, sur leur tribunal. Le soin de la langue a ses heures réglées, l'esprit est surtout pour les jours de réception. C'est là qu'il se montre dans tout son à-propos, toute sa justesse, toute sa délicatesse, avec ses allusions les plus finement voilées, avec ses critiques d'une sincérité discrète tempérées par des éloges sans fade encens. Assez de pensée toutefois, et assez riche, assez solide, pour que les mondains ne soient pas seuls à se réjouir. La fête est à la fois pour eux et pour ceux que le monde ne voit guère à ses plaisirs.

Il semble que sur un thème assez uniforme, mais avec des modes infiniment variés, le Président dise à l'élu : « Assurément vous êtes un grand poète, ou un grand orateur, ou un illustre historien, plus rarement un profond philosophe, mais avez-vous le signe ? avez-vous de l'esprit, de l'esprit comme on en doit avoir ici ? » En général, le récipiendaire n'a pas besoin de faire effort, de se mettre l'âme à la torture ; l'esprit lui vient tout seul, de bonne qualité, dans la juste mesure : le milieu suffirait à le provoquer. Mais si la source ne jaillissait que faiblement, le Président en a toujours quelque réserve, et pour celui qui n'en montre pas assez, et pour lui-même qui ne doit pas souffrir que l'esprit français faiblisse un seul jour, au sein de la Compagnie qui le représente avec ses qualités les plus solides et les plus brillantes.

IV.

— L'unité des grands esprits est faite comme celle des grands peuples, de plusieurs esprits dont l'accord est si parfait qu'on ne saurait dire ce qui est plus admirable, de leur diversité ou de leur unité.

⁂

— Un peuple laisse surtout dans l'histoire la trace de son esprit, trace d'autant plus durable qu'un plus grand nombre d'esprits s'étant comme associés pour composer cet esprit unique, l'empreinte s'est faite à plusieurs reprises, et la marque a été plus profonde.

⁂

— Ne pourrait-on dire d'un peuple qu'il est d'autant plus un peuple et vraiment digne de ce nom, que son esprit principal, celui qui le caractérise dans l'histoire, contient un plus grand nombre d'esprits différents. Leur manifestation successive à travers les âges, dans les Lettres, les Arts, les Sciences, la Religion, la Philosophie, la

Guerre, la Politique est comme le déploiement naturel d'un esprit assez riche, assez varié, assez fort, pour se montrer sous les aspects les plus divers, sans compromettre et surtout sans détruire son unité.

— Dans l'esprit qui domine au sein d'une nation, l'observateur attentif distinguera toujours, avec les restes de l'esprit qu'il a remplacé, les germes de l'esprit qui doit le remplacer à son tour.

— Où commence l'esprit d'un siècle et où finit-il? Peine inutile que celle de chercher ici des dates précises, il n'y en a point. Qu'ont à faire, en cette question, les chiffres et leur total? Est-ce que le mouvement de l'esprit humain se règle sur la suite des années et s'arrête juste au moment où la dernière année d'un siècle chronologique est révolue, pour reprendre sur d'autres frais et dans une direction différente avec la première année du siècle suivant? On serait ridicule d'associer à ce point ces deux choses, la marche de l'esprit humain et celle du temps, chacune d'elles suivant sa loi qui n'est pas du tout celle de l'autre. Ne sait-on pas que les premières années du XIXe siècle, jusqu'à 1830, sont encore pénétrées de l'esprit du XVIIIe, dont les germes ont été cherchés de nos jours et retrouvés jusqu'au cœur du XVIIe? La seule chose dont on ne puisse douter c'est que, chez les peuples civilisés, mais surtout dans nos sociétés modernes, un esprit est toujours gros d'un autre esprit, et qu'à l'heure même où il semble être dans toute sa force il porte en lui l'esprit qui doit le remplacer ou le détruire. Même il n'est pas rare que, durant quelques années, l'esprit qui s'en va et l'esprit qui vient fassent comme une sorte de partage à l'amiable, jusqu'au jour où ils luttent ouvertement à qui restera le dernier.

— Analysez, creusez, sondez, scrutez, découvrez même à la fin quelques-unes des causes lointaines ou prochaines de ces grands désastres qui ébranlent jusque dans ses fondements la fortune d'un peuple, de ces chutes soudaines et irréparables qui sont la fin d'un règne, d'une dynastie, d'un régime, vous n'avez pas assez sondé, assez creusé, assez analysé, si vous n'êtes allé jusqu'au vrai principe, jusqu'à la cause des causes, jusqu'à :

Cet esprit d'imprudence et d'erreur,
De la chute des rois funeste avant-coureur.

Cet esprit vous le trouverez, si vous cherchez bien, à l'origine de toutes les décadences, comme vous découvrirez l'esprit de sagesse et de vérité au point de départ de toutes les prospérités et de toutes les grandeurs.

— Une loi se fait, et plus tard elle s'interprète avec la raison commune qui ne change point et avec l'esprit du temps qui ne cesse de varier. Les deux y sont, et c'est pour cela que l'entreprise n'est pas toujours facile d'interpréter les lois, et de découvrir tout ce qu'elles contiennent, tout ce que le législateur y a voulu mettre sous des influences qui sont à peine un souvenir.

— Quand on étudie, pour le connaître exactement et, au besoin, pour l'appliquer à propos, l'esprit d'une Constitution politique, on est arrêté, pour peu qu'elle ne soit pas récente, par bien des ignorances et bien des obstacles. On voit, en effet, sans trop de peine, ce que le législateur (qu'il soit un ou plusieurs, il importe assez peu), y a mis de son esprit, en tant qu'il était l'esprit d'une créature raisonnable, semblable à toutes les créatures raisonnables ; on découvre moins facilement ce qui vient de son caractère propre, de son esprit à lui, de ses passions, de ses préjugés, des circonstances. Tout cela, même après un intervalle assez court, est si loin de nous, si différent de nous, que nous sommes exposés à mille erreurs, mais surtout à faire à notre image et ressemblance exacte ceux qui, à part la raison, différaient de nous en tant de points.

*
* *

— Comme ces courants qui se forment dans les hautes régions de l'atmosphère, mais qui n'atteignent point les parties les plus voisines du sol, ainsi plusieurs esprits qui devaient leur naissance aux passions des hommes politiques et des hommes de guerre, aux lettrés, aux philosophes, aux salons, aux femmes, ont grandi et régné tour à tour dans les classes élevées de la société française, sans que la masse du peuple en fût touchée. S'ils sont descendus parfois jusque dans les classes moyennes, plus rarement dans les classes inférieures, leur action sur ces dernières a pu être violente, elle n'a jamais été durable. C'est dans leur sein que se conserve, rebelle à toutes les transformations radicales, le véritable esprit national, avec ses caractères ineffaçables, celui que des influences plus ou moins puissantes ont pu modifier passagèrement, dont elles n'ont pas jusqu'à présent détruit les caractères essentiels.

*
* *

— *Esprit public :* Protée mobile et insaisissable ; on ne sait au juste ni ce qu'il est, ni où il est, et il faut deviner ce qu'il veut. On le poursuit d'un côté et il va de l'autre : l'obéissance n'est pas, tant s'en faut, sa première vertu. Demandez à ceux qui, dans nos sociétés modernes, essaient parfois de le diriger, si leur tâche est facile. Ils vous répondront qu'ils y ont employé leurs talents, leur argent, leurs amis, leurs journaux, la vérité, la fiction, les menaces, les promesses les plus séduisantes ; au moment où ils croyaient le tenir et s'en rendre maîtres, une circonstance fortuite, un mot lancé dans la foule, ingénieux, équivoque, méchant, malheureux, moins qu'un mot, un je ne sais quoi venu l'on ne sait d'où, déjouait tous leurs calculs, mettait à néant leurs espérances. Ne serait-ce pas qu'il y a beaucoup de passion et pas mal d'ignorance dans cet esprit public, et, à certaines heures, encore plus de légèreté que de passion. On s'expliquerait alors qu'il soit si difficile de le bien définir et encore plus difficile de le fixer.

*
* *

— Où est l'esprit public d'un peuple civilisé ? — Chez les hommes intelligents ? — Mais il est rare qu'ils soient du même avis et qu'ils voient les choses du même œil. Ils ont, chacun pris à part, trop d'esprit, pour avoir, tous ensemble, le même esprit. — Dans le peuple et dans son bon sens ? — Je veux qu'il en ait beaucoup ; mais alors expliquez-moi pourquoi l'esprit public est si mobile, si inconstant, quand, de sa nature, le bon sens l'est si peu.

— Chose étrange et qui paraît, au premier abord, contradictoire : ce que l'esprit public a de plus stable lui vient de la passion, ou seule, ou jointe à quelque intérêt très apparent ; ce qu'il a de plus éphémère lui vient des idées dont l'esprit est pourtant la source. Elles ne prennent racine en lui, elles n'ont chance d'y demeurer qu'à condition de s'unir étroitement à quelque passion et de se mettre à son service, pour vivre et mourir avec elle.

— L'esprit public ressemble, à s'y méprendre, au *devenir* de Hégel, toujours en formation, jamais formé, toujours allant, jamais fixé.

— Ce sont les journaux qui ont donné naissance à l'esprit public, ou du moins qui l'ont appelé du nom qu'il porte, car de savoir s'il existe en réalité, et dans quelles conditions il existe, c'est un problème qui n'est pas encore résolu. Pour le présent, ils vivent de lui, de l'appui qu'il est censé leur prêter, des conseils qu'ils lui prodiguent, de la direction qu'ils s'efforcent de lui imprimer, chacun d'eux le tirant à soi, affirmant même qu'il le représente seul dans son intégrité. Supprimez les journaux, je vois bien encore où est le génie national, quels courants d'opinions et de passions le traversent en le modifiant de temps à autre, sans le changer dans son fond, je ne vois plus où est ce qu'on nomme pompeusement l'esprit public.

— Un peuple reçoit son génie, un Corps : Université, Sénat, Magistrature, Ordre religieux, fait son esprit. Il y a quelque chose de spontané, de primitif dans le génie d'un peuple, et surtout dans sa formation où la pensée et la volonté n'ont rien d'individuel et ne se montrent que dans l'ensemble. L'esprit d'un Corps se forme lentement, par une suite de pensées et de résolutions qui, s'enchaînant, se complétant, se transmettant, deviennent une tradition, une loi d'usage plus forte que les lois écrites et plus difficile à détruire. Un peuple cède aux impulsions de son génie, presque sans le savoir et le sentir; un Corps s'abandonne le plus souvent, mais quelquefois il résiste aux suggestions de son esprit. Cette résistance est alors le fait d'un petit nombre dont la volonté triomphe, pour un temps très court, de l'esprit du Corps lequel reprend bientôt son empire.

— L'esprit d'un Corps constitué peut se modifier dans des limites assez étroites, sans que le Corps périsse. Le génie d'un peuple ne le saurait faire : ou il reste ce qu'il est, ou il meurt.

— Combien d'hommes n'ont d'esprit que celui du Corps auxquels ils appartiennent : aussi l'ont-ils étroit et irréformable.

— Ceux-là seuls font vraiment honneur au Corps dont ils sont les membres qui prennent de son esprit juste ce qu'il faut, et qui gardent soigneusement toutes les qualités de leur propre esprit.

— L'histoire d'un Corps est, avant tout, l'histoire de l'esprit qui l'anime, de ses modifications passagères, de sa persévérance finale : souvent aussi c'est celle du génie de son fondateur, devant qui s'effacent tous ceux qui lui ont succédé. Chez un grand peuple l'histoire de son armée, c'est surtout l'histoire des hommes de génie qui l'ont, les uns après les autres, formée, développée, perfectionnée, conduite. Aux traditions gardiennes de l'esprit et des vertus militaires, chacun d'eux s'est, en quelque sorte, ajouté lui-même. On dirait qu'il faut, à chaque guerre nouvelle, un homme de génie pour fixer la victoire, et, dans l'espace qui sépare deux guerres, un homme de génie pour la préparer.

***

— L'esprit qui animait l'armée, officiers et soldats, a préparé la victoire : c'est le génie du général en chef qui l'a gagnée.

***

— C'est la perfection de l'art, c'est aussi celle de l'esprit philosophique chez un historien, qu'on ne cesse de lire chez lui la leçon du présent dans l'histoire du passé, bien qu'elle n'y soit écrite nulle part.

V.

— L'esprit humain est plus grand que l'esprit des plus grands hommes. Le Socrate qu'il se représente est supérieur au Socrate réel dont il n'a pas d'ailleurs une exacte connaissance. Si grand que soit Platon, le Platon qu'il admire n'a plus aucun des défauts de Platon, ni contradictions, ni subtilités, ni fragiles utopies. La Grèce a beau rêver d'idéal, le rêve de l'esprit humain est encore plus beau ; il grandit jusqu'au philosophe dont le nom est synonyme d'idéal, d'amour pur de la pure beauté.

— Esprit des grands philosophes, des grands poètes, des grands orateurs, de tous les grands écrivains, merveilleux épanouissement de l'esprit humain qui se donne en spectacle à lui-même, et qui, dans ses pensées, ses conceptions, ses créations, lit, comme on lirait dans un livre toujours ouvert et qui s'accroît sans cesse, sa nature, ses facultés, ses titres et jusqu'à ses origines.

— Dans les grands esprits l'unité est en proportion de la richesse : ils ne possèdent pas seulement de rares et belles qualités, ils les possèdent dans une parfaite harmonie.

— Les hommes qui se comprennent le mieux sont ceux dont l'esprit est parvenu à la même hauteur et qui voient des mêmes sommets les vérités et leur suite. Heureusement l'élévation des sentiments peut suppléer à celle de l'esprit, et le plus grand nombre en est capable. Où les pensées ne concordent pas, le cœur affaiblit les dissonances, souvent même il les supprime.

— Nier qu'il existe en tout esprit, même le plus lumineux, un point obscur, si petit, si réduit qu'il soit, c'est le fait d'une extrême indulgence ou d'une extrême ignorance. Le découvrir dans l'esprit des autres n'est point si rare ni si malaisé; l'apercevoir en soi est d'un bon signe, mais pas du tout ordinaire et vraiment difficile.

— Il est encore trop matin pour qu'Athénagore puisse penser : son journal, d'ailleurs, tarde bien à venir. Son esprit ne s'ouvrira, sa pensée ne jaillira que quand elle aura reçu son excitant ordinaire. Qu'aucun ami, qu'aucun parent, qu'aucun client ne vienne consulter Athénagore avant qu'il ait lu son journal : il n'aurait rien à répondre que de vague et d'insignifiant. Ce pain quotidien a failli lui manquer deux jours de suite : il ne restait pas deux idées au fond de l'esprit d'Athénagore. Rendez à Athénagore son journal, sa pensée, son esprit.

—◈—

— La première fois que vous conversez avec Melliflue, vous êtes sous le charme. Quelle parole facile, élégante, agréable ! Quelle richesse d'idées ; quel fonds inépuisable de solides connaissances ! Quels points de vue nouveaux que vous n'auriez sans lui jamais découverts ! Décidément, il a tout lu, tout vu, tout étudié ; il n'est point de question difficile ou délicate pour laquelle il n'ait, de longue date, une solution qui lui appartient. Le deuxième entretien n'est pas non plus sans agrément et sans profit. Toutefois les limites se dessinent, le cercle se resserre ; peu ou point d'idées nouvelles, çà et là quelques répétitions. On dirait à plusieurs reprises que les mêmes choses (est-ce pour les mieux graver dans votre esprit ?) sont reproduites absolument dans les mêmes termes.

Restez-en là si vous voulez garder de Melliflue, de son savoir et de son esprit, un bon souvenir et une impression favorable. Un troisième entretien lui serait fatal : dans son intérêt et dans le vôtre n'en essayez pas.

— Les esprits plus ils sont faibles, plus ils sont exposés à être absorbés par une idée exclusive qui ne souffre point de partage. Ils en peuvent changer, mais ce qui ne change pas c'est la tyrannie de l'idée qui domine.

— Notre esprit est si bien nous-mêmes que nous n'osons le louer ouvertement devant d'autres esprits. Mais quelques-uns louent leurs qualités physiques, leurs avantages extérieurs, et l'on se contente de sourire.

— Le plus bel *Art de penser* et le plus complet ne redressera pas un esprit de travers, et un esprit droit pourrait, à la rigueur, se passer de ses leçons. — A qui servira-t-il donc ? — A tous, aux esprits justes et aux esprits faux, par une connaissance plus exacte qu'ils y puiseront de la nature humaine et, en particulier, de la nature et des lois de l'intelligence. Ce n'est pas, en effet, pour l'ordinaire, telle règle spéciale qui fait qu'on évite tel faux pas ; c'est bien plutôt cette connaissance de nous-mêmes qui, peu à peu, affaiblit les mauvaises dispositions du cœur et de l'esprit d'où procèdent presque toutes les erreurs.

— Un trait de lumière vif, rapide, a sillonné mon esprit, puis il a disparu. La pensée qu'il y a déposée, à des profondeurs dont le secret m'échappe, n'est encore qu'un germe. Ce germe grandira sous l'action du temps et de certaines puissances dont quelques-unes me sont inconnues : il attirera à lui, par de mystérieux canaux, les aliments que j'avais dès longtemps recueillis, sans savoir qu'ils lui fussent destinés. Il me suffira d'y jeter de temps à autre un regard pour qu'il ne s'arrête pas et ne dévie pas dans son développement. Au dernier moment, tous les éléments rassemblés, unis, combinés, il ne faudra qu'un médiocre effort pour que ma pensée s'épanouisse.

— *Foire aux idées :* terme expressif d'une langue

où l'image n'abdique jamais et, si vulgaire qu'elle soit, grave du moins la pensée. C'est à la foire qu'on trouve tout ce qui brille et retentit, comme dans certains esprits l'abondance des idées qui ont plus d'apparence que de fond. Elles s'y pressent, s'y croisent, s'y accumulent, mais aucune n'a pris le temps de grandir et la peine de se compléter. Il est vrai qu'à la foire on peut découvrir, entre mille futilités, quelque objet de prix. A meilleur compte encore, et pourvu qu'on ne manque pas l'occasion, on peut acheter à la foire aux idées quelques semences précieuses dont le vendeur ignore ce qu'elles valent.

— ⋅◈⋅ —

—C'est chose étonnante de voir combien d'idées différentes peuvent loger et se mouvoir à l'aise dans un seul esprit. Mais ce qui n'est pas moins surprenant, c'est qu'une seule idée exprimée par un seul mot suffise, pendant vingt ou trente ans, à absorber l'attention d'un peuple, à le faire raisonner et déraisonner sans fin et sans qu'il la dépasse.

— ⋅◈⋅ —

— A les prendre une à une, nos premières impressions, nos premières sensations, nos premières idées ont par elles-mêmes si peu d'importance, elles sont si rapides et si fugitives, elles laissent si peu de traces dans notre esprit, que rien n'est difficile ensuite comme de les retrouver et de les décrire. Et pourtant celles qui les suivent dans l'enfance, dans l'adolescence sont tellement leurs tributaires ; elles font, à chaque instant, de tels emprunts à ces éléments confus, lentement accumulés, pour s'élever à la précision, à la clarté, qu'on ne saurait, dans l'étude de l'âme humaine, envisager seul ce second moment, sans s'inquiéter du premier. C'est le grand écueil des psychologies les plus savantes, fussent-elles l'œuvre des esprits les plus pénétrants. Dans les faits qu'elles décrivent parvenus à leur maturité, si l'on peut s'exprimer ainsi, leur analyse pressent, sans pouvoir les atteindre, un nombre prodigieux de faits élémentaires, des rudiments plus ou moins informes dont la genèse se dérobe à leurs investigations, dont la claire connaissance leur est à peu près interdite. Ce n'est pas seulement dans le fond de sa nature que notre âme se dérobe à notre inquiète curiosité, c'est dans la mystérieuse formation des facultés et des faits que nous décrivons parfois avec une assurance et une précision assez mal justifiées.

— C'est l'âme entière qui fait la pensée, et la différence des âmes fait celle des styles. On peut résumer, sans grand dommage pour elle, la pensée qui viendrait uniquement de l'esprit, l'analyser, l'abréger et ne lui rien enlever : c'est tout un de la lire dans l'auteur ou d'après lui. Au contraire tout fait corps, tout est nécessaire dans la pensée des grands écrivains. En ôter ou en changer un mot c'est en altérer le sens, c'est diminuer leur âme.

— La lettre tue quand l'esprit cesse de l'animer, mais l'esprit se disperse, en attendant qu'il s'évanouisse, s'il n'a plus la lettre pour le fixer. Il les faut unir : il faut que l'esprit vivifie la lettre, et le bon vouloir aidé du bon sens y peut quelque chose.

— Cent pages d'esprit ne valent pas dix lignes de vérité, mais il n'est pas défendu de mettre un peu d'esprit au service de la vérité.

— Nous avons du Cardinal Bona un livre excellent dans sa brièveté : *De discretione spirituum*. C'est l'œuvre d'un théologien aussi expérimenté que savant. Il l'a fait court, sachant bien qu'il s'agit moins de multiplier les règles et de prévoir tous les cas possibles que de rendre l'esprit capable de discerner seul, sans l'appui constant des règles, et de donner plus de pénétration au regard de l'âme. Que si, au lieu de traiter la question au point de vue théologique, on voulait apprendre aux hommes l'art de discerner, de sonder les esprits les uns des autres, en poussant jusqu'aux plus secrètes intentions et jusqu'à certains replis réputés impénétrables, il faudrait assurément un volume d'une étendue bien plus grande. Et toutefois, l'auteur pourrait l'alléger beaucoup, en appliquant la méthode du Cardinal : donner d'abord à l'esprit qui se propose d'interroger d'autres esprits toute la pénétration, toute la sûreté dont il est capable.

— Il n'est point rare qu'un bon esprit, de plus facile et prompt, modifie et complète, à mesure qu'il l'entend prononcer, le discours d'autrui. Il en use à son égard, comme à l'égard de sa propre pensée quand elle jaillit sous sa première forme, avec cette différence que, découvrant mieux des imperfections qui ne sont pas les siennes, il les répare plus aisément.

— On peut être idéaliste, au point de ne croire qu'à son esprit et pas du tout à son corps, encore moins au corps et à l'esprit des autres. Dans cette solitude profonde on pense, comme il est naturel, des choses extraordinaires. Ce qui me surprend, c'est qu'on songe ensuite à communiquer ces pensées à d'autres esprits, car il n'en est point, — à se servir pour cela de la matière, car elle n'existe pas.

— Quand une grande philosophie paraît dans le monde, il s'en fait bientôt comme deux parts : celle de son esprit à laquelle un petit nombre s'attache pour s'en pénétrer, — celle des formules et des mots qui ne tarde pas à devenir, pour de longues années, la pâture de ceux qui ne sauraient atteindre jusqu'à l'esprit.

— Tant que vous fassiez analyser, composer, décomposer, combiner, classer, décrire de matière à ces enfants, s'ils n'ont pas d'autre culture, ils ne deviendront jamais des hommes. C'est au contact des esprits supérieurs que les esprits s'éclairent et se développent ; c'est dans le commerce des âmes d'élite que se forment les âmes. La meilleure école pour apprendre à penser sera toujours celle des maîtres de la pensée.

— Quelles beautés que celles dont un sordide vêtement n'avait point réussi à anéantir l'éclat, et quel service on nous a rendu de recoudre ces déchirures, d'effacer jusqu'à la dernière ces taches qui offensaient nos regards! Comme nous allons jouir dans les *éditions savantes* de ces délicatesses, de ces grâces, de ces grandeurs que nous entrevoyions vaguement à travers le voile épais de textes grossiers! N'oublions pas toutefois de préparer notre âme pour la rendre digne d'entrer en conversation avec ces grandes âmes. Il ne servirait de rien de lire Homère et Sophocle, Horace et Virgile dans des livres soigneusement corrigés, si nos esprits n'avaient eux-mêmes reçu la culture qu'il faut pour les comprendre et pour en jouir.

— Au plus profond, au plus caché de l'œuvre

qui se voit, l'œuvre qui ne se voit point et qu'admirent seuls, que connaissent seuls les amants de l'invisible. Amour, pensée, esprit, talent, foi, liberté, génie — qui vous a jamais vus des yeux du corps ; et pourtant sans vous les grandes et belles choses qui nous ravissent, les chefs-d'œuvre des arts, les surprenantes audaces de l'industrie n'auraient jamais vu le jour !

— Le vrai prodige de la Tour Eiffel n'est point celui qui fascine les regards du vulgaire, ce sont les profonds calculs sur lesquels elle repose plus solidement que sur ses assises de granit, et dont la multitude de ceux qui s'extasient devant elle n'a pas la moindre idée. C'est l'esprit de l'homme qui a élevé cette masse dans les airs et qui l'y maintient avec autant d'aisance que de solidité. C'est lui qu'il convient d'abord d'admirer, en attendant de faire remonter l'admiration jusqu'à l'auteur de l'esprit humain.

— C'est l'esprit qui conçoit et réalise l'œuvre belle, c'est lui qui la comprend, la juge, l'admire. Entre ces deux actes où il paraît seul, se place l'œuvre elle-même, toute pénétrée d'esprit, intelligible et belle uniquement par l'esprit qui est en elle, utile parfois grâce encore à l'esprit qui a proportionné les moyens aux fins, choisi les matériaux, calculé leur résistance, prévu leur durée. Pour qui sait voir la matière n'est qu'un point dans ce monde qu'elle paraît remplir, et où l'esprit la domine et la façonne suivant ses idées et ses lois.

— Il ne se perd ici-bas, — ce sont les savants qui l'affirment, — ni un atome de matière, ni une parcelle de force, et la Nature peut varier à l'infini les produits de sa fécondité, elle ne fait que transformer et combiner, elle ne crée rien. La seule chose qui s'ajoute d'année en année, de jour en jour, à la Nature, alors qu'elle n'y était pas auparavant, la seule qui augmente ici-bas un total que toutes les forces réunies de la matière agissant de concert laisseraient à jamais tel qu'il est, sans pouvoir y ajouter la plus chétive unité, ce sont les actes de la volonté libre et les œuvres de l'esprit. A ces réalités qui n'étaient pas hier et qui vivront à jamais de la vie qui leur est propre, c'est notre âme qui a donné la naissance. Voilà la force qui s'accroît sans cesse, qui ajoute les vertus aux vertus, les pensées vraies aux pensées vraies, les chefs-d'œuvre aux chefs-d'œuvre. La Nature se travaillerait des millions de siècles qu'au terme de ce prodigieux labeur, elle se retrouverait exactement ce qu'elle était à l'origine : à la Liberté et à la Raison il ne faut qu'un imperceptible instant pour enfanter ce qui n'était point. Seules les œuvres de l'âme s'ajoutent sans fin les unes aux autres, et ajoutent quelque chose à la Nature qui d'elle-même ne peut rien se donner.

VI.

— Du moment qu'il y a deux esprits capables de s'entendre, il y a un Père de tous les esprits. Du moment que deux pensées se comprennent et se jugent l'une l'autre, il y a une Pensée régulatrice de toutes les pensées.

※

— Richesse infinie de l'esprit humain manifestée par l'inépuisable diversité des grands esprits dans le cours des siècles, tu nous donnes une première, quoique très faible idée de la richesse de l'esprit divin qui fait sortir de ses trésors, sans que ceux-ci en soient le moins du monde diminués, toutes les formes du talent et du génie, pâles reflets de sa beauté parfaite et de sa pensée infinie !

※

— « Mon Dieu ! ne me donnez pas de *pensées libres* (à vrai dire je ne vois pas clairement ce qu'elles pourraient être), mais donnez-moi beaucoup de largeur et une grande liberté d'esprit, pour recevoir toutes les pensées vraies qui se présenteront à moi ou qu'il vous plaira de m'envoyer. »

— Se posséder soi-même dans la lumière de l'esprit et la paix du cœur me semble le bien le plus rare et le plus désirable. Il faut moins qu'une passion violente, moins qu'un grand revers ou une grande douleur, il suffit d'une affaire qui nous inquiète, d'un travail qui nous absorbe, d'une idée fixe, d'une vive image, d'une contradiction, d'un malaise, d'un souffle, d'un rien, pour le ravir au plus grand nombre. Plusieurs ont passé leur vie à défendre leur liberté, celle d'autrui, les libertés publiques, tous les genres de libertés, qui n'ont possédé qu'à de rares intervalles la liberté d'esprit.

— Où l'on ne discute pas du tout, la vérité sommeille, elle est sans influence. Où l'on abuse de la discussion, la vérité est trop souvent stérile. Où l'on discute avec autant de conscience que de convenance, dût-on ne consentir que des trêves, la vérité agit suivant sa nature, elle se développe, elle vivifie, elle engendre. L'ardeur de la discussion importe moins d'ailleurs que l'objet de la discussion. Discuter sur la nature de l'âme, sur ses attributs, sur ses rapports avec Dieu, sur la raison, la liberté, la grâce, ou discuter pour ravir à l'âme tout attribut, tout avenir, toute réalité, n'est point du tout une même chose. On pardonne volontiers quelques excès de plume ou de parole à ceux qui nous découvrent des titres nouveaux de noblesse, de grandeur, d'immortalité. Mais quelle excuse possible pour ceux qui dépensent, quelquefois durant une vie entière, les forces de leur esprit à nous prouver qu'il n'y a point d'esprit, qu'il n'y a nulle part nul esprit, et que bêtes, nés de bêtes, nous finirons comme la bête !

✼

— Le *Credo* de l'Église paralyse votre liberté.
— Il en fait partie, comme la raison qui appartient à tous les hommes fait partie de ma pensée, comme l'idéal fait partie de la liberté du peintre, de son talent ou de son génie : on en peut dire autant du sculpteur, du musicien, du poète, de l'orateur. Le symbole de l'Église est une règle, et personne ne se passe d'une règle ; seulement les uns savent choisir et les autres ne savent pas ; les uns aiment à prendre la règle aussi haut qu'il leur est donné d'atteindre, les autres le plus près du sol qu'il leur est possible. Celle-là a fait

ses preuves : les premières datent de loin, et celles qu'on voit de nos jours ne leur sont pas inférieures. Le symbole d'ailleurs n'est pas seulement une règle qui empêche l'esprit de s'écarter ; c'est, au même degré que l'Idéal, une source intarissable de sentiments et de pensées.

— La force d'esprit n'est point de dire : je ne serai plus, ou je ne serai point du corps de l'Église, car j'y ai découvert des taches. — La force d'esprit est de dire : je resterai, avec l'aide de Dieu, dans le corps de l'Église ou j'y entrerai, car j'ai découvert pourquoi il y a des taches, et qu'elles n'altèrent en rien la pureté de son âme et sa beauté.

La force d'esprit n'est point de dire : tel prêtre a failli, la religion d'un tel est sans largeur et sans lumière, tel autre se complaît et s'absorbe en des dévotions minutieuses, celui-ci en affecte les dehors pour mieux cacher ses fourberies et ses vices. — La force d'esprit est de dire : je sais pourquoi il y a des chutes déplorables, des esprits étroits, des superstitieux et des hypocrites, et que la religion n'en est pas moins la sauvegarde des mœurs, l'école des grands et libres esprits, l'inflexible gardienne de la sincérité et de la vérité.

— Dorante éprouve une sincère compassion pour ceux qui sont demeurés chrétiens; il a grande pitié de leur extrême simplicité. Pour lui, voilà bien du temps que ces fables ne font plus aucune impression sur son esprit : c'est l'homme de France le plus libre de préjugés. J'eus le bonheur de l'entendre, hier encore, m'entretenir avec émotion de la joie profonde qu'on éprouve à penser par soi-même. Nous nous rendions ensemble au Cercle où, depuis bientôt trente ans, une Revue à laquelle Dorante croit plus fermement que les chrétiens à l'Évangile, lui fournit, au jour le jour, sa petite provision d'idées.

— Beaux *esprits forts* qui n'ont pas su résister à un mensonge, à un sophisme, à une plaisanterie, et qui s'en iront, à leur tour, semer à travers le monde le mensonge, le sophisme et la plaisanterie, pour grossir de tous les faibles et de tous les ignorants qui s'y trouvent le nombre des esprits forts.

— L'esprit chrétien, avec la netteté, la perpétuité de ses caractères et la merveille des vertus qu'il engendre, suffirait à démontrer la vérité du christianisme. J'irai plus loin : il prouve, au moins dans l'ensemble, l'authenticité des Livres saints. On n'aura rien prouvé contre eux tant qu'on ne l'aura pas détruit. Tant que nous verrons couler les eaux abondantes et pures, nous croirons que la source n'est pas une illusion et un mensonge.

— On pourrait dire de l'esprit des sages et de l'esprit des saints, qu'ils s'enseignent et se suivent dans les deux tomes d'un même ouvrage. Chacun d'eux est si complet en soi que plusieurs ayant lu, non sans profit, le tome premier, celui qui contient l'esprit des sages, estiment qu'ils sont allés jusqu'à la fin et qu'il ne reste plus rien à lire. Leur arrive-t-il de jeter les yeux sur le tome deuxième, ils ne tardent guère à reconnaître que l'Introduction d'un livre n'est pas le livre entier, dont elle contient seulement les préliminaires et comme l'esquisse très imparfaite.

— On est surpris de voir à quel point, dans ce siècle positif et sceptique, l'esprit de saint François d'Assise est devenu populaire, et aussi goûté des délicats que des petits et des humbles. Il est vrai que pour les uns cet esprit est tout entier dans la poésie qui déborde de son âme et dans son amour aussi naïf que profond de la nature, tandis que les autres vont jusqu'aux vertus dont il fut le modèle, un petit nombre jusqu'à la sainteté elle-même. Plus habiles ou mieux inspirés ces derniers remontent jusqu'à la source des eaux salutaires dont les premiers aperçoivent seulement quelques petits filets courant, avec un doux murmure, à travers des prairies émaillées de fleurs.

— La merveille n'est point qu'il y ait dans l'Église des esprits très différents, esprits de saints dont chacun a son caractère et son trait particulier, esprits de philosophes, de théologiens, d'ascètes, de mystiques, de fondateurs d'Ordres, de réformateurs, de pontifes, de solitaires, de législateurs. La merveille c'est que ces esprits si divers ne forment qu'un avec l'esprit de l'Église. Leur nombre qui va croissant de siècle en siècle, leurs caractères si nettement tranchés montrent bien sa fécondité : leur unité répond à son unité que n'épuise aucune dépense.

— Quand on voit à quel point, chez les plus

grands hommes et même chez les saints, un esprit domine tous les autres esprits et se fait sa place en chacun d'eux, on comprend mieux que jamais le texte de saint Paul si précis, si profond, sur la distribution des esprits entre les plus favorisés. Mais bientôt la pensée s'élève, pour le contempler et l'adorer, vers le Dieu dans le sein duquel ces esprits qu'il divise en les donnant ne sont qu'un même et éternel Esprit. Les plus beaux, les plus riches, les plus parfaits d'entre les esprits créés ne reproduisent jamais, à une distance infinie de leur modèle, qu'un trait perdu dans l'immensité des attributs divins, dont tous ces esprits ensemble, si on pouvait les fondre en un seul esprit, ne refléteraient qu'à la manière d'une pâle et vacillante lumière au regard du soleil la resplendissante unité.

NOTE SUR LE SENS ET L'USAGE

DE

L'EXPRESSION : LUMIÈRE INTÉRIEURE [1]

La lumière a fourni, de tout temps, aux philosophes spiritualistes les comparaisons les plus riches et les plus variées. Quelques-uns d'entre eux se sont élevés jusqu'à l'éloquence, en parlant « de cette lumière intérieure qui éclaire tout homme venant en ce monde, de ce soleil des intelligences dont les rayons pénétrants dissipent les plus épaisses ténèbres. Par lui, d'un bout du monde à l'autre, on voit les mêmes choses et on prononce, sans se connaître, les mêmes juge-

---

[1] Nous l'avons souvent employée dans les pages qui précèdent, nous en devons l'explication à nos lecteurs.

ments. Ni la distance des lieux, ni celle des temps ne sauraient altérer l'unité, la simplicité de cette lumière toujours égale à elle-même. Elle ne souffre ni diminution, ni éclipse, ni changement. Plus on en jouit, plus on en veut jouir, et l'amour qu'elle inspire s'accroît avec ses bienfaits. »

Ces textes ne se résument point : il en faut apprécier soi-même, par une lecture attentive, l'exactitude et la profondeur. Le privilège unique d'un terme si souvent et si bien employé va-t-il disparaître avec les progrès de l'astronomie, de la physique, de l'analyse spectrale : nous ne le croyons pas. La faveur qui s'attache à lui s'explique par des considérations empruntées à l'étude des sciences, et aussi par quelques raisons fort simples : nous parlerons seulement de ces dernières.

D'abord, ne sommes-nous pas en présence d'un de ces mots peu nombreux auxquels se terminent la langue et le savoir des hommes. L'analyse a des limites au delà desquelles la pensée s'évanouit, faute d'images, faute d'objet précis, faute de tout ce qui la constitue. Interprète de la conscience, la philosophie a créé dès longtemps plusieurs de ces termes premiers ou derniers, comme on voudra les nommer : les sciences en ont ajouté d'autres. Ce sont comme autant de bornes que nous plaçons aux confins de notre empire : en deçà le savoir plus ou moins sûr de lui-même, au-delà l'incertitude ou l'ignorance. Ces mots qui ne s'expliquent point tout entiers en expliquent beaucoup d'autres ; de concert avec eux ils rendent compte d'une foule de choses qu'on n'entendrait pas sans eux. On sait ce qu'on veut dire quand on parle de telle loi, de telle faculté, de telle force, de tel nombre déterminé : on ne sait pas ou l'on sait mal ce qu'est en soi la force, la faculté, la loi, le nombre. Si perçante que soit la vue, elle s'émousse à regarder de trop près ces abstractions puissantes qui s'imposent et ne se laissent pas pénétrer. On en peut dire autant de l'espace et du temps, dont la notion fait partie intégrante de tous nos jugements, de tous nos discours, dont la nature est, depuis des siècles, l'objet d'interminables controverses.

Un avantage propre au mot *lumière* c'est qu'il joint l'image à l'idée : il s'adresse aux sens en même temps qu'à l'esprit, il emprunte à la nature pour prêter à la pensée, et il enrichit la philosophie de tout ce que la physique lui a donné. Il appartient à deux sciences tout au moins, mais surtout il appartient à tout le monde. Savants et métaphysiciens n'ont pas le privilège de le comprendre seuls : la foule les entend quand ils en parlent. Il a sa place dans la plus haute philosophie, et il est le premier mot de la philosophie populaire. Pour n'en point saisir le sens primitif ou figuré, il faudrait n'avoir jamais vu la clarté du jour : c'est le malheur d'un bien petit nombre.

Veut-on donner l'idée d'une vitesse incomparable, c'est à la lumière qu'on songe tout d'abord ; d'une puissance qui ne s'épuise jamais, on la compare à la lumière ; d'une bienfaisance qui ne s'inquiète point des ingrats, qui se répand sur tous également, d'un bien plus précieux que tous les biens, c'est toujours la lumière qu'on invoque. On dit de l'intelligence divine qu'elle est la lumière incréée, que d'elle procède toute lumière : de l'intelligence de l'homme qu'elle est faite pour la lumière, qu'elle est lumière, qu'elle communique la lumière. Le progrès des lumières n'est-ce pas pour plusieurs la source ou l'idéal de tous les progrès ?

Quand on dit de la raison qu'elle est en nous la lumière de Dieu, on fait entendre, en ce peu de mots, autant de choses qu'en contiennent de longues dissertations : l'honneur en revient au mot *lumière* si simple et si vaste à la fois. Les plus ignorants comprennent par là qu'il est une lumière supérieure, infinie, inépuisable, la Sagesse ou la Raison de Dieu : que notre âme a sa part, si petite qu'elle soit, de cette lumière ineffable, que d'autres âmes en sont éclairées : que cette lumière, une comme la source d'où elle procède, leur fait voir les mêmes choses qu'à nous et entendre les mêmes vérités. En quoi les plus savants leur sont-ils tellement supérieurs ? Le comment, le dernier mot de ce commerce mystérieux leur est-il mieux connu qu'aux autres hommes, et leurs profondes analyses auraient-elles découvert un élément qui ne serait pas impliqué dans cette simple comparaison ? C'est leur devoir de chercher, c'est leur gloire de ne pas se rebuter : mais ces spéculations et ces raisonnements qui font tant d'honneur au génie de l'homme n'ont pas encore abouti à inventer un mot qui, mieux que celui de lumière, exprimât le rapport universel, permanent, plus rapide que l'éclair, plus sûr que tous les calculs, de l'esprit de Dieu à tous les esprits créés, de l'éternelle raison à la raison de chacun de nous. On l'a trouvé tout d'abord, on n'a pas depuis trouvé mieux, il est bon de s'y tenir.

La même analogie s'applique à la formation de la pensée. Quand on dit que la lumière de Dieu s'ajoute comme élément supérieur à l'élément sensible pour la constituer, que des deux ensemble et non d'un seul résulte la pensée, circonscrite et finie du côté de son objet (quand cet objet n'est pas Dieu même), infinie du côté de son principe, appliquée à un être, enfermée dans un ordre particulier, mais unie à la source de l'être, à la perfection de l'ordre, on ne prétend pas dire d'elle et de sa nature tout ce que nous saurons un jour, mais seulement ce que nous en pouvons connaître aujourd'hui. On ajoute que cette lumière, une dans son essence, de la véritable et parfaite unité, celle qui implique une richesse inépuisable, se divise et se décompose pour s'accommoder à notre vue, se prêter à nos besoins, multiplier nos jouissances. S'exprimer ainsi est-ce contredire la Science, et n'est-ce pas elle au contraire qui fournit, par ses découvertes récentes, des matériaux de plus en plus riches aux comparaisons des philosophes?

Quand viendront les penseurs assez profonds, les philosophes assez savants, assez éloquents pour s'en servir comme il convient et n'en négliger aucun, la métaphysique ajoutera de belles pages à celles qu'ont écrites Platon, saint Augustin et leurs successeurs. Du moins peut-on dès aujourd'hui, sans rien compromettre et sans engager l'avenir, comparer les notions d'être et d'ordre, celles de cause et de fin qu'elles impliquent, celles du vrai, du beau, du bien, tant d'autres qui s'y rattachent ou en dérivent, à autant de rayons qui forment tour à tour, ou tous ensemble, cette lumière intérieure dont s'éclaire chacune de nos pensées. Sillons lumineux tracés dans nos âmes, les uns plus brillants, les autres plus obscurs, ils répondent à un nombre égal d'attributs distincts, de perfections déterminées, mais ils retrouvent leur unité dans celle de leur foyer, dans cette lumière incréée qui s'appelle tantôt la Raison, tantôt la Sagesse de Dieu, plus simplement Dieu même.

A cette source intarissable, nos âmes puisent la lumière avec la chaleur, deux principes dont l'union est aussi étroite dans le monde des esprits que dans celui des corps. Mais nous allons aborder un autre sujet, celui des rapports de l'amour et de la pensée, un autre ordre de comparaisons emprunté comme le premier aux lois de la nature physique. Arrêtons-nous au seuil d'une question voisine de celle que nous venons d'effleurer, mais qu'il ne faut point confondre avec elle.

TABLE DES MATIÈRES

	Pages.
Introduction	I-XLVII

PREMIÈRE PARTIE.

De l'Esprit philosophique.

LIVRE I.

De la définition et des éléments de l'Esprit philosophique.

Chap.	I.	La question de l'Esprit philosophique.	3
—	II.	Vues générales. *Spiritus intus alit*.....	5
—	III.	Suite des vues générales	7
—	IV.	Deux définitions de l'Esprit philosophique (le Père Guénard. — Portalis)..	9
—	V.	La Méthode........................	11
—	VI.	Les Sciences......................	13
—	VII.	La Pensée et la Parole	14
—	VIII.	Premier trait de l'Esprit philosophique.	16
—	IX.	L'Esprit d'exclusion................	17
—	X.	Suite du même sujet................	20
—	XI.	Second trait de l'Esprit philosophique.	22
—	XII.	Suite du même sujet................	23
—	XIII.	Sagesse et Philosophie.............	25
—	XIV.	Du mot *discernement*...............	26
—	XV.	Résumé des chapitres précédents. Quatre éléments de l'Esprit philosophique.	28

Pages.

LIVRE II.

Considérations sur l'origine et la nature de l'Esprit philosophique.

Chap.	I.	Cœlestis origo................................	31
—	II.	Suite du même sujet.....................	32
—	III.	L'Esprit philosophique et la Raison...	34
—	IV.	Sens commun, Bon sens, Esprit philosophique.....................................	36
—	V.	L'homme d'esprit............................	38
—	VI.	L'Esprit philosophique et le *criterium* de vérité.....................................	40
—	VII.	L'Esprit des sophistes et l'Esprit philosophique...................................	42
—	VIII.	L'Esprit philosophique et l'Esprit religieux...	45
—	IX.	Divers Sens, divers Esprits. Leurs rapports avec l'Esprit philosophique....	48
—	X.	L'Esprit philosophique et la Paix de l'âme..	50
—	XI.	Questions et Indications..................	51
—	XII.	L'Esprit philosophique et le temps présent.......................................	54
—	XIII.	Plan d'un Traité de l'Esprit philosophique...	55

DEUXIÈME PARTIE.

LES CARACTÈRES DE L'ESPRIT PHILOSOPHIQUE.

Chap.	I.	La Culture de l'esprit.....................	61
—	II.	La Curiosité d'esprit.......................	83
—	III.	La Liberté d'esprit.........................	113
—	IV.	La Mesure....................................	137
—	V.	L'Amour de l'ordre et de son Principe.	171

TROISIÈME PARTIE.

DISCOURS ET PENSÉES SUR L'ESPRIT.

		Pages.
Chap. I.	De l'Esprit socratique................	199
— II.	Le Règne de l'Esprit................	221
— III.	Pensées sur l'Esprit................	239

De la lumière intérieure (Note sur le sens de cette expression)...................................... 293

DU MÊME AUTEUR

A LA MÊME LIBRAIRIE

La Philosophie et le Concile. — Lettres à M§r Mermillod, évêque d'Hébron, 1 vol. in-8, 1869-1870. Épuisé.

L'Ombre de Socrate. — 2ᵉ édition des *Petits Dialogues de philosophie socratique* précédés d'un *Essai sur le rire et le sourire*, 1 vol. in-12, 288 p.

PREMIÈRE PARTIE.

I. *Les Phénomènes.* — II. *Les Forces.* — III. *On a perdu la vérité!* — IV. *L'âme humaine.* — V. *Les éléments des hautes spéculations.* — VI. *Socrate couronné.* — VII. *Mercure lecteur.* — VIII. *Les abstractions.* — IX. *La Psychologie de l'avenir.* — X. *La Sagesse et la Poésie.* — XI. *Les Érudits.* — XII. *Un sot marché.* — XIII. *Les Systèmes philosophiques.*

DEUXIÈME PARTIE.

I. *Les Constitutions et leur principe.* — II. *La Morale et la Politique.*

A ces dialogues, dans une troisième édition, on pourrait ajouter :

1. *Pressentiments.* — Socrate, Alcidamas (Revue catholique de Louvain, 15 mai 1883). — 2 et 3. *Les Réformes scolaires à Athènes,* deux dialogues (Bulletin de l'Académie delphinale, séance du 13 février 1880).

De l'Esprit et de l'esprit philosophique. — 1892.

Édition définitive à laquelle pourront seulement s'ajouter, dans la suite, quelques pensées sur l'Esprit.

De la Pensée, 2e édition, 1 vol. in-12, 384 p.

PREMIÈRE PARTIE.

La Pensée et l'Amour. — *La Méthode morale,* ou : *de l'Amour et de la Vertu* comme éléments nécessaires de toute vraie philosophie (1866, — 1869, — 1881, — 1883).

DEUXIÈME PARTIE.

Leçons et Conférences:

I. *De la Pensée.* — II. *Des caractères les plus apparents de la pensée.* — III. *Le Bon sens et le Sens commun.* — IV. *La Parole, le langage philosophique.* — V. *L'objet dernier de la Pensée.*— VI. *Trois moments de la Pensée.* — VII. *Petit commentaire philosophique du discours de saint Paul à l'Aréopage* (premier et deuxième moments de la pensée). — VIII. *La Philosophie et la Science.* (Troisième moment de la pensée).— IX. *Les Femmes et le progrès de la Pensée.*

A part quelques corrections de détail, ce volume peut être édité de nouveau, tel qu'il est présentement. Seule la première partie (I) de la première Leçon (de la Pensée) commençant par ces mots : *Si le savoir humain se...,* et finissant par ceux-ci : *... loi absolue pour celle-ci, exemples pour celles-là,* doit être entièrement changée, car elle ne répond pas assez directement à son objet.

Notes et Réflexions (pensées et portraits), 1 vol. in-12, 4ᵉ édition, 316 p.

Ce volume fait suite au précédent qu'il complète, mais il en peut être détaché. Les pensées qu'il renferme, auxquelles s'ajouteront les pensées publiées par les *Annales des Facultés de Grenoble* et les *Annales de philosophie chrétienne*, sont distribuées dans les huit chapitres suivants:

I. *De la Pensée en général.* — II. *De l'histoire de la Pensée.* — III. *L'homme, l'âme humaine.* — IV. *La Parole, les Langues.* — V. *Le Beau et les Arts.* — VI. *L'Histoire.* — VII. *Les Sciences.* — VIII. *Philosophie et Religion.*

Les Principes de la philosophie morale (petite philosophie populaire), 3ᵉ édition, 1 vol. in-12, 93 p.

Pensées sur l'Histoire, 1889, 1 vol. in-12, 220 p. (Épuisé). La seconde édition paraîtra prochainement sous ce titre:

Discours et Pensées sur l'Histoire ou Essai d'une explication de l'histoire par l'analyse de la pensée.

Introduction.

I. *Du Beau et de la Pensée dans l'histoire.* — II. *De l'Idéal dans la vie des nations.* — III. *Les éléments de la pensée et les éléments de l'histoire.* — IV. *La Civilisation et la Pensée.*

Pensées sur l'histoire.

De l'étude de l'histoire en province et dans les académies de province.

La Cité chrétienne. Dialogues et Récits, (Firmin-Didot), 1890, 1 vol. in-12, 642 p. (Épuisé).

Introduction.

PREMIÈRE PARTIE.

I. *Au Tombeau d'Œdipe.* — Les Cités anciennes, la Cité nouvelle. — II. *L'Avant-garde de la Cité chrétienne.* — III. *Les trois Visions de saint Bruno.* — La Cité du désert. — IV. *L'auteur de l'Imitation.* — V. *Le médecin de Granville.* — La langue de la Cité chrétienne. — VI. *Une journée à Domrémy.* — Une héroïne de la Cité chrétienne. — VII. *Notre-Dame du Hêtre.* — VIII. *La Baie d'Akaroa.* — En avant pour la Civilisation chrétienne ! — IX. *Le Convoi d'un enfant.* — X. *Méditation dans une église inachevée.* — XI. *Pionniers et Cités naissantes.* — XII. *La Tentation, la Chute.* — XIII. *Rêves et Réalités.* — XIV. *Le sommet de la Cité chrétienne.* — XV. *Un Cycle religieux (1802-1878).*

DEUXIÈME PARTIE.

I. *Le Songe de Platon.* — II. *La Naissance d'une philosophie.* — III. *La loi de l'expiation.* — IV. *Le Temps et l'unité de Temps.* — V. *L'Espace et la Matière.* — VI. *Plaisir et Douleur ; Joie et Tristesse.* — VII. *Au Mont Saint-Michel.* — *(L'Exilé lorrain).* — *(L'Angelus).* — VIII. *Le Beau et l'Ame humaine.* — IX. *L'art dans la Cité chrétienne.*

La deuxième édition comprendra : l'*Exilé lorrain*, l'*Angelus*, etc.
Trois dialogues sur le Beau et sur l'Art, qui sont seulement ébauchés, doivent, dans la suite, s'ils parviennent à bonne fin, former avec le *Beau et l'âme humaine*, l'*Art dans la Cité chrétienne* et l'*Angelus*, une troisième Partie de la Cité chrétienne.

Grenoble, imp. ALLIER, Grande-Rue, 8.

www.ingramcontent.com/pod-product-compliance
Lightning Source LLC
Chambersburg PA
CBHW070906170426
43202CB00012B/2212